BUZZ

© 2018 Editorial Buzz

Publisher ANDERSON CAVALCANTE
Editora SIMONE PAULINO
Proyecto gráfico ESTÚDIO GRIFO
Asistentes de diseño LAIS IKOMA, STEPHANIE Y. SHU
Traducción DIEGO LAJE
Revisión ELISA HERNÁNDEZ

Datos Internacionales de Catalogación en la Publicación
(CIP) de acuerdo con ISBD

Rodrigues, Sandro
Creencia Inquebrantable / Sandro Rodrigues
traducción: Diego Laje
São Paulo: Buzz Editora, 2018.
208 pp.

ISBN 978-85-93156-77-9

1. Autoayuda 2. Emprendedorismo 3. Conducta de vida
I. Laje, Diego II. Título

159.947 / CDD-158.1

Elaborado por Odilio Hilario Moreira Junior – CRB-8/9949

Índice para catálogo sistemático:
1. Autoayuda 158.1
2. Autoayuda 159.947

Todos los derechos reservados a:
Buzz Editora Ltda.
Av. Paulista, 726 – mezanino
CEP: 01310-100 São Paulo, SP

[55 11] 4171 2317
[55 11] 4171 2318
contato@buzzeditora.com.br
www.buzzeditora.com.br

CREENCIA
INQUEBRANTABLE
SANDRO RODRIGUES

PARA

_____

CUENTA CONMIGO…
¡COMO MÍNIMO
PARA SIEMPRE!

SANDRO
RODRIGUES

SOBRE LA FRAGANCIA

Hinode es una empresa apasionada por productos. Y los productos son uno de los pilares estratégicos de nuestro negocio.

Gracias a los mismos llevamos belleza, prosperidad y alegría al hogar del consumidor. ¡Este es nuestro propósito!

Uno de los productos más emblemáticos de nuestra historia es la fragancia Empire.

Creada en 2015, en asociación con la renombrada Casa de Fragancia Robertet, Empire celebra las conquistas del hombre contemporáneo.

Empire exalta la personalidad determinada, dinámica y elegante del hombre que sabe que es protagonista de su historia.

La fragancia, que combina la frescura de notas aromáticas y cítricas con el poder del musk y de las notas ámbar, conquistó el Premio de Mejor Creación Perfumista de Abihpec en 2015.

Este reconocimiento, que es motivo de gran orgullo para la familia Hinode, contribuyó no sólo a fortalecer la marca Empire, que desde entonces viene ampliando e innovando su cartera, como también ayudó a posicionar a Hinode en el liderazgo del mercado brasileño de perfumería.

Al abrir el libro usted sintió el poder de Empire.

A quienes son motivo de mi existencia: mi esposa Leila, mis hijos Kauê, Ana Vitória y João Gabriel (un hijo del corazón). Por ellos nada se hace difícil, por ellos siempre daré lo mejor.

La misión Hinode de "Ofrecer una oportunidad para que la gente cambie de vida".

¡A todo aquel que cree que es posible lograr lo mejor en su vida!

AGRADECIMIENTOS

A mis padres, Francisco y Adelaida Rodrigues, los primeros a soñar y creer que podríamos vencer.

A mis hermanos, Alessandro, Crisciane y Leandro. Con ellos aprendí a amar incondicionalmente.

A todos los consumidores, franquiciados, consultores y líderes del Grupo Hinode. Todavía tengo muchos sueños a ser alcanzados, pero si no tuviera ninguno, seguiría trabajando por gratitud a todos ustedes. Ustedes me cambiaron la vida.

A los empleados del Grupo Hinode. Con sus manos, sus mentes y sus corazones se fabrican los mejores productos del mundo.

A los directores de Hinode. Ustedes son mucho más que un EQUIPO, son de verdad mi familia.

A Cinthia Dalpino, por haberme ayudado a transformar mi vida y mis creencias en palabras.

PREFACIO

Siempre supe que Sandro era un hombre especial, incluso cuando lo conocí y aún era un niño. Sabía que aquel niño sería un gran hombre por sus pequeñas actitudes, sus grandes sueños y su inmensa voluntad de crecer, luchar y cambiar el mundo. Creía que realmente sería lo que tanto soñaba por un motivo: el tamaño de su corazón, su infinita bondad y su gratitud a Dios.

A lo largo de los años viví de cerca la construcción del Sandro de hoy, un hombre de ojos apasionados dignos de un visionario, con una creencia inquebrantable y una actitud incansable presentes todos los días en su corazón. Ningún obstáculo fue capaz de hacer que se rindiera; al contrario, cada vez que se caía se levantaba más fuerte.

Tuve el honor de estar a al lado de este gran hombre que con orgullo llamo de mi gran amor, en los peores y en los mejores momentos de su vida. Créeme, Sandro enfrentó desiertos enormes y noches muy oscuras durante su viaje. Yo creía tanto en este hombre, en sus valores y principios, tan fuertemente, que nunca dudé de su victoria, sabía que era una cuestión de tiempo. Confieso que muchas veces también sentí miedo, pero, por increíble que parezca, los dolores de la jornada hacían que mi amor y mi admiración se hicieran aún más sólidos. Permanecí a su lado, cómplice de las lágrimas que corrieron por su rostro cuando el miedo quiso ser más fuerte que la fe, y muchas veces lloramos juntos.

Es más, es así que he testimoniado la vida de Sandro, un verdadero gladiador, un hombre que lucha, principalmente consigo mismo, para ser alguien mejor todos los días, por él y por los que lo rodean.

Sandro escribió este libro con el corazón, sin miedo describió su mundo, sus días de lucha, se desnudó con el propósito de contar lo que aprendió en su jornada.

El Sandro que conozco, y tendrás el placer de conocer más profundamente leyendo este libro, es un hombre extraordinario, te lo aseguro, porque, como él suele decir, no es un hombre inclinado a mentiras. La honestidad es una de sus virtudes y es la espina dorsal de este libro.

Por supuesto, uno de sus mayores deseos al escribir este libro fue compartir una historia real, la de un hombre de carne y hueso, con debilidades y miedos, pero sobre todo con una creencia inquebrantable de que es posible vencer. Creo que Sandro quiere que nunca dejes morir la esperanza, que nunca abandones tus sueños y que puedas aprender la grandiosidad del poder de la fe en Dios.

Su historia puede hacer que te identifiques y, a través de sus ojos, de su perspectiva, reconozcas tus propios desiertos, tus dolores y tus desafíos. Estoy segura de que conocer a Sandro Rodrigues a través de las páginas de este libro te dará la oportunidad de tener un excelente modelo en las manos para seguir adelante.

En fin, en cada página leída pude recordar los momentos de dolor, de miedo y las innumerables decepciones por las que Sandro pasó. Rever todo esto a través de sus palabras hizo que me enamorara aún más del hombre que Sandro es (¿será que eso es posible?), y que sintiera mis lágrimas una vez más corriéndome por las mejillas, pero esta vez de pura alegría.

Deseo profundamente, así como Sandro lo desea, que este libro sirva para incentivar a miles de personas a nunca dejar sus sueños de lado – puedo asegurar que esta fue la principal motivación para que dejara de trabajar durante horas y se dedicara a escribir esta historia. Te entrega con este libro toda la sabiduría que la vida le brindó, como un padre a su hijo.

Podrás usar este libro como libro de cabecera en tus momentos de desánimo, en tus momentos de duda y en tus momentos de alegría y gloria.

Este hombre todavía lleva el brillo en la mirada de un niño. Yo lo conocí joven y sé que no midió esfuerzos por ti, lector, porque confía que, al reconocerte a través de su historia, puedas también cambiar el mundo.

Si estás preparado para no rendirte y quieres dejar tu legado en este mundo, lee, saborea y aprende con este libro. Encuentra en estas páginas, y dentro de ti, lo mejor de ti.

Estoy seguro de que, al terminar este libro, estarás transformado.

Así como Sandro, te deseo que, aunque estés en algunos de los "desiertos" que te puede presentar la vida, consigas atravesarlo sin rendirte, haciéndote cada día más fuerte. Y que podamos vencer, siempre pensando en plural.

LEILA RODRIGUES

COMO EN EL DÍA DE LA PRUEBA EN EL DESIERTO

HEBREOS 3:8

El desierto es un lugar caliente, árido y solitario. Quien camina por el desierto tiene sed y no encuentra agua, tiene hambre y no encuentra comida, tiene calor y no encuentra sombra. En el desierto aparecen espejismos que hacen que uno crea que va a saciar la sed y el hambre. Pero estos espejismos no son más que meras ilusiones.

Atravesar un desierto es peligroso. Habrá vientos fuertes que te intentan derribar, habrá muchos riesgos a pesar de que está completamente deshabitado. Y por la noche, cuando la temperatura cae por debajo de cero, el sufrimiento parece interminable. No hay descanso, ni paz, pues los peligros se multiplican con la repentina aparición de seres que se esconden durante el día.

Tal vez ya hayas encontrado a tu "desierto", y creo que todos nos encontramos varios "desiertos" a lo largo de nuestras vidas. Este encuentro es recurrente e inesperado, nos deja vulnerables y nos hace cuestionar por qué estamos en esa situación.

Las dificultades parecen no tener fin, percibimos que no somos autosuficientes y necesitamos a Dios y a nuestros hermanos. Es en el desierto que sentimos el dolor a flor de piel y donde probamos nuestra fe. Probablemente también es en el momento en que lo atravesamos que pasamos a tener más compasión y sentimos como es doloroso enfrentar ciertos obstáculos.

Pasar por el desierto es agotador, difícil, una batalla que que se lleva a cabo dentro de nosotros mismos. Esta batalla exige que tengamos confianza, que desenmascaremos los espejismos para que podamos contemplar los milagros y el instante de la victoria.

Muchas veces es en el desierto que el corazón se seca y muere. El Libro Sagrado dice que 600 mil hombres salieron de Egipto, pero sólo dos llegaron a la Tierra Prometida. En el desierto, donde el 99% de estos hombres fracasó, Jesús venció.

Pero, cuando se nos prueba, cuando la fe escapa de nuestras manos y es difícil caminar, no podemos ver ninguna señal de bendición.

Era así que me sentía aquella noche. Sabía que había soñado con algo nuevo y profundo y, como Moisés, quería llevar mi rebaño al otro lado del desierto. No estaba contento con la vida que llevaba y sabía que podía hacer algo más. Deseaba algo mejor.

Sabía que no tendría éxito sin pagar un precio. Pero estar dispuesto a atravesar el desierto era ponerme en riesgo, porque yo no sabía qué había del otro lado. Sólo sabría cuando llegara, y si vacilara o el coraje me abandonara, no cumpliría mi misión.

La responsabilidad había golpeado a mi puerta, no podía simplemente dejar el rebaño y abandonar todo. Dios había puesto un deseo en mi corazón para mostrarme que había algo más en la vida, pero yo no podía verlo.

No aquella noche.

En 2008 inicié la travesía que me reclamaba mi desierto. Completamente vulnerable, no sabía cómo conducir mi rebaño. Había reunido a mis 40 líderes de ventas de Hinode y les había dicho que comenzaríamos un nuevo modelo de ventas que cambiaría la historia de la empresa. Haríamos que Hinode estuviera donde merecía estar.

Estaba todo listo. Habíamos creado un mecanismo que, bajo mi punto de vista, posibilitaría que nuestros sueños se realizaran. Fue entonces que, el primer mes, tuvimos una caída del 90% de la facturación.

Era el año de la crisis internacional y nuestra empresa era sólida, con 20 años de existencia, era próspera, por lo menos hasta ese día. De a poco, perdimos todo lo que habíamos conquistado a lo largo de los años. Mi madre vendió su casa, vendimos el terreno, el edificio, todo lo que teníamos.

La gente que ganaba tres mil reales de comisión por ventas ya no ganaba casi nada. En aquel momento, lejos del oasis que ya habíamos habitado, nuestra fuente comenzó a secarse y sentimos que el suelo no era más fértil, se hacía difícil seguir caminando.

Yo sentía que había destruido todo lo que mis padres habían conquistado con sangre y sudor. Oí decir que había quebrado el negocio de la familia. En mi corazón sentía que había enterrado todo lo que teníamos.

Cuando puse los pies en aquel desierto, dispuesto a atravesarlo, entendí que había llegado el momento de mi gran prueba. Durante el día transpiraba y sufría, caminaba por ahí, completamente perdido. Durante las noches oscuras me sentía desprotegido y discutía con Dios.

¿Por qué?

Bueno, no sabía si quería probarme, pero me preguntaba por qué me había puesto deseos en el corazón, por que me había hecho creer que la vida era más si yo no podía atravesar este desierto. No sabía cuánto tiempo tendría que caminar, cuántos peligros tendría que enfrentar y quién estaría a mi lado durante el viaje. Antes de eso pensaba que ya estaba listo para volar sin turbulencias y navegar sin tormentas. La vida ya me había probado de diferentes maneras.

¿Sería el miedo de no poder atravesar ese desierto? En la duda, mis lágrimas abonaban el suelo de mi corazón y le imploraban a Dios que me diera fuerzas.

La empresa estaba cada vez peor. Fui al banco, le pedí dinero a mi gerente y me lo negó. Nada funcionaba y con cada puerta que se me cerraba cuestionaba más a Dios. ¿Cómo me podía pasar esto?

Pero yo, en el fondo, seguía creyendo, incluso sin poder ver ninguna posibilidad de superar aquel escenario. Conversaba con los gerentes y les decía cuánto los necesitaba. "Vamos a construir una gran empresa", era lo que repetía sin cesar.

Sin embargo, el desafío propuesto era aún mayor. Cuando pedí que se redujera el salario de los gerentes a la mitad para que pudiéramos atravesar este período de escasez, de los siete gerentes, seis me dijeron "sí" y yo estuve dieciocho meses sin cobrar un solo centavo.

Pasé noches sin dormir. Cuando llegamos a 2011, reunidos en el apartamento de mi madre contabilizábamos una deuda 6 veces mayor que la facturación y recibimos el siguiente diagnóstico del director de la empresa: "La empresa consigue llegar a marzo de 2012 después iremos a la quiebra. No hay nada que podamos hacer".

Cada día que pasaba sentía que las cosas empeoraban. El hambre y la sed parecían ganar nuevas proporciones. Dentro de mí, algo decía que habría una salida, pero aún no podía verla. ¿Cómo confiar en algo que no podía ver ni tocar?

Al mismo tiempo, no podía darme cuenta de que algo increíble estaba ocurriendo: negociaba con el banco y con los proveedores y el día de pagarle el sueldo a los 40 empleados milagrosamente el dinero aparecía en la cuenta. Exactamente la cantidad necesaria. Ni un centavo más, ni un centavo menos.

Pero no habíamos atravesado todo aquello para morir tirados en la arena, sin fe ni esperanza. Estábamos seguros de que podíamos cambiar las cosas y ver que el sol puede nacer de otra manera. La empresa con que soñamos tenía que volverse realidad.

Tal vez tú ya hayas enfrentado un gran dolor y también hayas vivido el milagro de superarlo. Si no te sucedió, te cuento algo: antes de bendecirte Dios siempre te pondrá a prueba y es en este momento en el que pensamos rendirnos.

Durante este período turbulento, cuando llegaba el fin de semana, lloraba, los más cercanos dudaban y yo le decía a Dios: Señor, no tengo más fuerzas. Pero sabía que tener fe no significa no tener miedo. La fe es tener una actitud clara, incluso con miedo.

Cuando pasé por el peor fin de año de mi vida, viendo como todo lo que había sido construido por mi familia se escapaba de mis manos, tuve una idea. Llamé a todos los líderes y les conté una idea. Genisson, un chico que había sido camarero y formaba parte del equipo me dijo: "Sandro, no veo lo que ves, pero puedes pedirme lo que quieras que lo haré. Voy a confiar en lo que tú has visto".

Aquel día llegué a casa, miré hacia atrás y vi todo el camino que había recorrido. Lo vi y aunque hubiera tropezado entendí cómo era bueno poder sentir nostalgia por haber tomado la decisión de seguirlo. Vi que era necesario haber recorrido ese camino.

Mirando hacia arriba, agradeciendo por aún tener fe, a pesar de no ver dónde podía llegar, recordé cada paso de mi viaje y escribí una meta en un papel.

Aquella meta no parecía ser un espejismo.

POR VUESTRA POCA FE; PORQUE EN VERDAD OS DIGO QUE SI TENÉIS FE COMO UN GRANO DE MOSTAZA, DIRÉIS A ESTE MONTE: "PÁSATE DE AQUÍ A ALLÁ", Y SE PASARÁ; Y NADA OS SERÁ IMPOSIBLE.

MATEO 17:20

Soy el primer hijo de Francisco y Adelaida. Y mi historia empezó mucho antes de nacer, cuando mi padre vino del campo donde cosechaba café y mi madre del Cerrado bahiano, donde el sol agrieta la tierra. Ella ya sabía qué era la sequía antes de que yo atravesara mi desierto y huyó con un grupo de emigrantes para intentar una nueva vida en São Paulo.

Mi madre, Adelaida, tenía sólo 18 años cuando le dijo a su jefe en José Paulino, donde trabajaba, que quería que le pagaran por cada prenda que producía. Una costurera de las mejores que no quería vivir de un sueldo. Tenía sueños ambiciosos que la hicieron triplicar su salario antes incluso de conocer a mi padre.

Mi padre, Francisco, también quería crecer, pero la forma que eligió era diferente. Su primer trabajo como ayudante de albañil le permitió ver como se erguía un edificio de cuatro pisos. Y que para que se irguiera necesitaba cargar mucho cemento en la espalda y construirlo ladrillo a ladrillo. Después, fue entregador de muebles.

Mi madre, que nunca dejó que la vida le escogiera nada, dice que eligió a mi padre para ser su compañero cuando lo vio por primera vez. Determinada, le dijo que si él quería ser alguien en la vida necesitaría tener una profesión.

"Sólo voy a ser tu novia si me prometes que vas a tener una profesión, porque no quiero ser la novia de un entregador de muebles". Fue en ese momento que resolvió ser tornero mecánico.

De la unión de una costurera y un tornero mecánico, nace Sandro. Sandro soy yo, el primer hijo de una familia de cuatro hermanos que vivía en los fondos de la casa de su abuela.

Recuerdo a mi padre saliendo muy temprano para trabajar cuando era pequeño, me daba un beso mientras todavía estaba durmiendo. Ni bien me levantaba, escuchaba el ruido de la máquina de coser de mi madre que no paraba desde las seis de la mañana hasta la una de la madrugada. Cuando volvía mi padre generalmente ya estábamos durmiendo.

Al contrario de lo que parecía, esta rutina no nos alejaba. Todo el tiempo que mi padre tenía libre lo dedicaba a sus sus cuatro hijos. Después de mí nacieron mis hermanos Alessandro, Crisciane y Leandro. Los fines de semana era una gran alegría cuando mi padre volvía de la feria que quedaba cerca de casa con los pasteles fritos que nos había comprado. Lo rodeábamos ansiosos para comer todos juntos sentados en la puerta de casa. Era en ese momento que él cogía un cuenco lleno de naranjas y las pelaba para que todos comiéramos.

Aquellas tardes aprendimos a saborear la felicidad y la complicidad. Yo era el hermano mayor y tenía un vínculo muy especial con mis hermanos. Era una conexión fuerte que no sabemos cómo nació, pero que se convirtió en un eslabón inquebrantable.

Cuando éramos chicos nos decíamos: "Todo puede salir mal pero estaremos siempre juntos". Por supuesto, ni imaginábamos que allí nacía un pacto, bautizado dentro de casa, en una calle de tierra sin abastecimiento de agua potable.

Allí, después del desayuno, no había concesiones. Como hijo mayor, era yo el que siempre iba con mi madre a buscar agua a la plaza con un balde. En el camino de vuelta mi madre me decía: "Nacer pobre no es una elección. Morir pobre lo es".

Adelaida había estudiado sólo hasta el cuarto grado de la primaria, pero la vida le enseñó todo y todos los días nos daba una lección.

"La vida te dará un montón de posibilidades. La gran diferencia estará en qué vas a hacer con ellas".

Mientras tanto, mi padre nos enseñaba a amar a la gente. Con un corazón que no le cabía en el pecho y siempre entusiasmado, decía que el gran motivo de su vida eran sus hijos. Recuerdo cuando éramos pequeños y él metía la manta debajo del colchón para que no se saliera a la noche y sintiéramos frío: porque la humedad de la noche hacía que las madrugadas fueran más frías.

Por suerte, yo y Alessandro no teníamos tiempo ni espacio para pasar frío. Como sólo teníamos una cama de una plaza para los dos, yo dormía hacia un lado y él hacia el otro. El calor humano nos salvaba en los días de invierno.

Por estas y otras, nuestra conexión siempre fue muy fuerte. Además de la cama, compartíamos todo. No conocíamos otra vida que no fuera la de compartir, y era como si ese verbo hubiera sido hecho para nosotros. Era parte de nuestro día a día compartir.

Mi madre venía de una familia bahiana con muchos primos. Ella fue una de las primeras a venir a vivir a São Paulo. Como ella era muy acogedora, cuando venía un primo de Bahía, generalmente se quedaba en el monoambiente que vivíamos. No importaba cuántos fueran, siempre los hospedábamos en casa.

Fue viendo esta alma caritativa que crecimos. Veíamos el cuidado que tenía con todo el mundo, incluso cuando parecía apenas estar concentrada en el trabajo. Era en todos nosotros que ella pensaba cuando se levantaba temprano y encendía la máquina de coser.

Cuando sobraba tiempo – algo raro de ver – nos cocía la ropa, que pasaba por los cuatro hijos casi intacta.

Por eso, además de defendernos con uñas y dientes, aprendimos a compartir todo, miedos y conquistas. Crecer en una familia numerosa posibilita que el cariño se multiplique. Este blindaje natural se transformó en nuestro núcleo y en un valor fuerte que nos acompaña desde siempre.

La personalidad de cada uno se fue formando con el paso del tiempo. Al mismo tiempo, seguíamos escuchando las palabras de mi madre "si no funcionó es porque aún no ha llegado el momento, pero va a funcionar".

Para mí era una mujer incansable y la admiraba por eso. Cuando la veía llevar su trabajo terminado al taller de confección estaba muy claro para mí que lo hacía por nosotros. Éramos lo más importante de su vida y lo dejaba muy claro, lo hacia porque merecíamos lo mejor.

Se le podía ver un brillo inusual y unas ganas de vencer que hasta entonces sólo había visto en los cómics.

Al mismo tiempo, mi padre me mostraba que el trabajo arduo, la honestidad, la dignidad, el amor y la unión en conjunto, eran lo que nos hacía crecer. Papá repetía constantemente: "Lo que tiene valor no es fácil, lo que tiene valor no es fácil. Y no necesita ser fácil y no está escrito que va a ser fácil, basta que valga la pena, el resultado tiene que valer la pena".

Mientras mis padres eran mis héroes en la vida real los personajes con poderes especiales de los cómics también me inspiraban. En aquella época vivía sumergido en los cómics. Mis seis héroes eran el Capitán América, el Hombre de Hierro, Thor, Wolverine, Hulk y el Hombre Araña. Cuando acompañaba a mi madre a entregar su trabajo al taller de costura, en el barrio de Brás, en São Paulo, ella siempre me compraba un cómic.

Empecé con *Turma da Mónica*, un clásico cómic brasileño, pero mi gran pasión surgió cuando empecé a leer los cómics de Marvel. Tenía colecciones, llegué a tener casi 5 mil revistas.

Mi conexión con Dios empezó a través de de los héroes de la Biblia. Yo leía los libros ilustrados de héroes de la Biblia y pasé a entender mejor quiénes eran los verdaderos héroes: Dios y Jesucristo.

Leía la historia de David y Goliat y pensaba: "David es sensacional". Estos héroes me inspiraban a creer que todo era posible. Fuera de los cómics, mis padres seguían siendo mis héroes de carne y hueso. Eran ellos quienes enfrentaban las dificultades del día a día.

Cuando empecé a leer sobre Jesús pensé que era un tipo mágico e increíble y eso me hizo conectarme a él. Era con las palabras de Jesús que entendía algunos valores y conseguía discernir muy rápido qué estaba bien y qué mal. Cuando nos tocó vivir en un lugar un poco más peligroso vi a varios amigos decantarse por el camino de las drogas y fue la biblia la que me ayudó a tomar el camino correcto.

Así fue como aprendí que siempre hay otra opción. Aprendí que siempre en la vida hay otra opción. Esto se aplica a cualquier cosa de la vida. Siempre hay otra opción.

La fe empezó a manifestarse en mi vida y pasé a entender que las cosas no son tan simples como parecen. Hoy sé que la vida no puede ser sólo un hiato de 70 años u 80 años, sé que no lo es. Creo que el ser humano es mucho más especial que eso. En aquel momento yo ya lo entendía.

Recuerdo que mi madre me decía siempre que estábamos juntos: "La vida te va a dar tantas posibilidades, Dios en su infinita bondad te va a ofrecer muchas posibilidades. Basta elegir bien, basta que elijas bien". Y esa capacidad de elegir es lo que la movía.

En algunos momentos decidió invertir en su negocio e invirtió todo el dinero que tenía en máquinas de coser y en poner gente a trabajar junto con ella. Compró varios tipos de máquinas necesarias para hacer su trabajo. Había unas cinco máquinas en el fondo de casa. Se pasaba el día entero trabajando en aquel lugar. Como había aprendido el oficio a los 10 años de edad, sabía que podía criar a sus hijos cosiendo.

Fiel a lo que pensaba, sabía que soñar alto era también una elección. De esa manera, empezó a vender productos y me llevaba a vender con ella.

Cuando llegábamos a casa, preparaba su clásico pollo con fideos. Me acuerdo como corríamos a la mesa para esperar la comida. Como mamá era justa, dividía la comida exactamente igual entre todos, aunque unos comieran más que otros.

Cuando había albóndigas era una o dos para cada uno. Yo dejaba la mía para el final porque sabía que era la parte más deliciosa de la comida. Alessandro, mi hermano menor, que comía muy poco, devoraba las albóndigas primero y no comía el resto del plato.

Un día comió su albóndiga y metió el tenedor en la mía. Cuando se la puso en la boca sentí el gusto de la desesperación. Era justo mi parte favorita de la comida. Me eché a llorar.

– Mamá, me sacó la albóndiga.

Mi madre nos miró con una expresión seria.

– Alessandro – dijo con las venas hinchadas y mirándolo a los ojos –, abre la boca.

Alessandro abrió la boca y yo nunca más me olvidé de aquella escena. Le metió la mano en la boca y dijo:

– Jamás vas a comer o tomar algo que no sea tuyo. Esto es de tu hermano.

Tal vez ella no supiera exactamente qué era educación, pero esta actitud quedaría marcada para siempre en nuestra memoria. Si ninguno de nosotros ha sido capaz de tomar nada que sea de otro, respetando que cada uno tiene lo suyo, fue porque lo aprendimos durante estos almuerzos o en otras situaciones del día a día de nuestras vidas.

A pesar de ser rígida con sus hijos, con quienes tenía una preocupación excesiva de educarlos con integridad, mi madre tenía una generosidad única, jamás negaría ayuda a quien la necesitara.

En casa, aunque las albóndigas fueran contadas, siempre había comida y cama para uno más.

Fue así que Anita, su hermana menor, vino a vivir a casa. Era diez años mayor que yo y mi madre la criaba como una hija. La tía Anita tuvo un papel muy importante en nuestra historia, porque ayudó mucho a criarnos. Mientras mi madre trabajaba sin descanso era ella quien nos cuidaba.

Los viernes Anita hacía la limpieza general en la casa y nos mandaba a jugar a la calle. Muchas veces volvíamos a casa como a las 6 de la tarde y no estaba terminada la limpieza, entonces llamábamos a Pretinho, nuestra mascota, y nos acogíamos sobre su barriga para una siestita deliciosa hasta que abriera la puerta.

Recuerdo un episodio muy curioso. Ella acababa de hacer la limpieza. Me fui a bañar, agarré una latita de pintura al aceite negra y pensé: "Voy a pintar mi estuche de lápices", que en aquella época era de madera. Me quedé allí pintando el estuche hasta que Alessandro llegó y tomó un pincel. Comenzamos a pintar el estuche juntos.

En un segundo entró Leandro, que era el menor de los tres. Metió la mano en la pintura y empezó a ponérsela en el pelo. Nos pareció gracioso y empezamos a pintarlo. Pero pintamos, junto con él, todo el baño.

Ese día, cuando Anita dejó el pastel de zanahoria descansando en el horno y fue a ver de qué los niños se reían en el baño, abrió la puerta, se sentó en el suelo y se echó a llorar. Fue aquel día que mi madre, cuando llegó del trabajo, nos reprendió como nunca antes lo había hecho. Después de esa nunca más pintamos nada.

HACED TODO CON AMOR.

1 CORINTIOS 16:14

Yo ya acompañaba el trabajo de mis padres desde el principio, y las entregas que mi madre hacía empezaron a ser cada vez más frecuentes. Suelo decir que, en esa época en que yo los ayudaba, Dios me puso una llave en el corazón. Durante este período, mis padres empezaron a hacer entrenamientos y era cada vez más común que yo los acompañara en las actividades de venta directa.

El día en que terminé el secundario, a los 14 años, mi padre me abrazó y me dijo: "Felicitaciones. Ahora vas a buscar empleo". Yo soy de la época en que, además de poder trabajar antes, los jóvenes buscaban trabajo y lo encontraban inmediatamente. Todos mis amigos salían a buscar trabajo y lo encontraban. En esta época fui a trabajar en una aseguradora llamada Porto Seguro, como cadete.

Éramos 20 chicos y un tipo que nos dirigía. A este tipo, que no me acuerdo el nombre, lo llamábamos cariñosamente de Leoncio, porque parecía una morsa, como el personaje del Pájaro Carpintero.

Yo trabajaba en la expedición y dividíamos la ciudad de São Paulo en sectores. Mi sector se llamaba Paulista 1415. Era en la avenida Paulista, de la calle Consolação hasta el edificio de la Federación de Industrias del Estado de São Paulo. Mi trabajo era pasar por las agencias y recoger las propuestas de seguro para después llevarlas de vuelta.

Vivíamos en una casa y en la parte de adentro de la casa dormían las mujeres. En la parte de fuera, donde mi madre había construido una habitación grande, en los fondos, dormíamos, Alessandro, Leandro, el tío Emerson y yo.

En aquella época mi abuela, Doña Aparecida, también vivía en la misma casa y era ella quien me despertaba todos los días a las 5 y media de la mañana para ir al trabajo. Todavía puedo sentir el olor del desayuno que nos hacía todos los días. Cada mañana cuando terminaba de arreglarme y estaba listo para ir a trabajar, el desayuno, que era un simple café con leche y un pedazo de pan, ya estaba en la mesa. Creo que por eso hasta los días de hoy es el desayuno la comida que más me toca el corazón.

Mi tío era un sujeto temperamental que tenía todo para ser jugador de fútbol profesional. Hermano más joven de mi padre, él era también uno de los acogidos por la familia. Enamorado del deporte, jugaba como nadie. Por eso, todo el mundo apostaba en su carrera. Todo el mundo, incluso yo, porque realmente él era muy hábil. Una de las primeras cosas que aprendí en esa época fue que la habilidad y la pasión no eran suficientes para llegar adonde quería.

Jugando en los juveniles de Corinthians fue expulsado del equipo después de una pelea decisiva en la que no supo posicionarse como lo haría un jugador profesional. Cuando alguien habló mal del Palmeiras, su equipo del corazón, se enojó y se peleó, incluso siendo jugador de Corinthians. Ese día tiró su carrera a la basura.

Mientras mi tío no podía mantener una postura profesional en el trabajo yo aprendía con el tiempo a hacer exactamente eso, trabajando como cadete en Porto Seguro. Era en la aseguradora que, de camisa y corbata, me sentía importante. Llegaba, marcaba tarjeta y partía a la calle a hacer mi servicio.

Cada día, después de que Leoncio distribuía los pases de autobús, yo hacía la mayoría del recorrido a pie para ahorrarme el pase que luego vendía en la escuela, a la noche, para poder comprarme algo para comer. Cuando me tocaba llevar encomiendas al correo no iba en taxi, iba en autobús para ahorrarme el dinero.

Una vez, mientras jugaba a los juegos electrónicos de la calle São Bento, en el centro de la ciudad, me puse la carpeta entre las piernas y me la robaron. Cuando vi, el ladrón corría con la carpeta llena de documentos de la empresa. Salí corriendo por la calle São Bento, gritando: "un ladrón, un ladrón". Aquél día tuve suerte. En sentido contrario venía un compañero de la empresa, que fuerte y decidido tomó su carpeta, se dio vuelta y, cuando el ladrón pasó, le dio un golpe justo en el medio del pecho. El ladrón, claro, cayó al suelo por la fuerza del golpe y recuperamos la carpeta. Celebramos el acto heroico y nunca más descuidé mi carpeta.

Todas estas situaciones de la adolescencia y la juventud, con las que aprendí grandes lecciones, me estaban preparando para el gran desafío que sería la edad adulta. Pero antes de tener cualquier perspectiva de vida con relación a Porto Seguro o a Hinode, mi gran sueño era ser piloto de avión. Quería volar.

Trabajaba en Porto Seguro y los sábados iba a la escuela Glicério, a hacer un curso preparatorio para entrar a la Escuela Preparatoria de Cadetes del Aire, EPCAR, que pertenecía a la Aeronáutica. Quería ser piloto y mi única oportunidad, ya que yo no podía pagar un curso de especialización, era ser piloto de la Aeronáutica.

Me encantaba estudiar y era muy aplicado en los estudios, así que estudié mucho.

Hice el examen de la EPCAR al lado de un muchacho que era muy lento. Después de la prueba, vi que había hecho 58 puntos. Mi amigo, que era más lento, había hecho unos 40 puntos. No quería desanimarlo, pero le dije: "Fabio, estás chau. Lo siento, vas a tener que estudiar un poco más, el año que viene intentas de nuevo".

Pero lo que sucedió fue exactamente lo contrario. Fábio aprobó y yo no. Ese día vi que el sistema no evaluaba por mérito. Fabio era hijo de una persona importante de la Aeronáutica.

Mi sueño de ser piloto se volvió humo y sentí que si la justicia era algo muy claro dentro de casa, fuera de ella las cosas no funcionaban así.

Sin embargo, en casa la justicia reinaba como siempre. Además del episodio de la albóndiga, otro que me quedó marcado como si fuera un tatuaje y que fue responsable de que me volviera el hombre que hoy soy, me mostró perfectamente los valores que nuestra madre sostenía con más fuerza de la que usaba para cargar sus bolsas con productos.

En esa época yo tenía una cuenta corriente de salario en el banco. Por tener esta cuenta, que por sí sola ya era algo poco común para mí, me dieron una tarjeta de débito negra con un rayo amarillo que se parecía mucho a la ropa de los superhéroes que me gustaban.

La llevaba a todos lados y entraba todo santo día a la agencia sólo para consultar el saldo.

Un día en que acababa de salir del trabajo y estaba a camino de casa, pasé por el banco. En aquella época mi salario era equivalente a mil seiscientos reales, pero cuando consulté el saldo los números que aparecieron en la pantalla eran muy diferentes. El saldo era de 8 mil reales. "Soy rico", pensé.

Como yo era un buen empleado, me pareció que me habían dado una bonificación: "Hice un buen trabajo y me dieron una recompensa". Con una sonrisa de oreja la oreja no tuve dudas, fui al cajero y saque todo el dinero. Como era una época de mucha inflación, el volumen del dinero era muy grande y con ese montón de billetes me sentía millonario.

Me lo puse en los bolsillos, en las medias y en todas partes. Luego tomé el autobús para ir a casa. Pero el autobús pasaba por Santana y aquella era la época del New Wave. Quien sobrevivió a los años ochenta sabe muy bien de lo que estoy hablando. La ropa era color verde limón, naranja, los niños usaban el pelo parado, oían rock nacional y usaban pantalones Ocean Pacific con elástico, zapatillas Rainha y gorras llenas de estilo.

En vez de ir directamente a casa me detuve en una tienda de ropa. Vi una tabla Morey Buggy y la compré, sin tener ninguna intención de ir a la playa. Cerca de la caja vi una billetera que también compré. Mi razonamiento era muy lógico en aquella época: tenía 15 años, si el dinero estaba en mi cuenta, era mío.

Fui a casa con las compras y la tabla debajo del brazo. Ni bien entré a casa mamá levantó las cejas y me preguntó:

– ¿Qué es eso?

Le respondí sin parpadear:

– Es una tabla Morey Buggy.

Ella seguía con la misma expresión:

– Ok, veo que es una tabla Morey Buggy, pero ¿de quién es?

Animado le respondí:

– Mía... claro que es mía.

Respiró profundamente:

– ¿Ah, sí? ¿Cómo la compraste?

Sin pensar dos veces le respondí que la había comprado con mi dinero.

Se me acercó como un zorro. Pasos lentos y cuidadosos. Hoy puedo percibir que estaba pensando en las palabras correctas, pero ese día creía que estaba impresionada con la calidad del trabajo que había desempeñado para haber tenido un aumento.

– No estamos a fin de mes...

Abrí una sonrisa y le expliqué:

– Mamá, ¿sabes qué ocurre?

Abrí los bolsillos y le mostré los billetes. Sacaba los billetes de las medias, de los bolsillos... y mamá abría los ojos cada vez más, con una expresión de horror.

– Entré a la agencia para ver mi saldo y había este montón de dinero en mi cuenta, entonces lo saqué.

Esperó que contara toda la historia y me hizo sentar en una silla para explicarme. A diferencia del día en que nos puso de castigo por haber pintado todo el baño con pintura al óleo, esta vez fue cariñosa y comprensiva. Ella entendía que yo no había hecho nada intencionalmente, pero sabía que necesitaba enseñarme qué era correcto y qué no.

– Hijo, este dinero no es tuyo...

Intenté explicarle que si estaba en mi cuenta era mío, dándole una serie de motivos para que aquello pudiera haber ocurrido. Mientras yo hablaba, ella me sostenía la mano:

– Lo que pasa es que ha habido un error, debe haber ocurrido algo y depositaron este dinero en tu cuenta por error.

Yo insistía que no.

– Mamá, pero está en mi cuenta, ¿cómo que no es mío? Explícamelo, ¿cuál es la lógica de todo esto? Si está en mi cuenta...

– Hijo, se equivocaron.

Sé que Doña Adelaida siempre consiguió lo que quiso, pero nunca hizo nada que no fuera correcto. Por eso, aquel día, incluso con cuatro hijos, una casa para cuidar con dos cuñados, una abuela y comida contada, no se dejó impresionar con el dinero extra que había surgido repentinamente en la cuenta de su hijo. Para ella era obvio que necesitaba devolver ese dinero.

– Ve al banco mañana a devolver todo este dinero.

Yo miraba la tabla, los pantalones y la billetera, pensaba en todo lo que podía comprar con ese dinero y me daban ganas de llorar. Aun así hice lo que me pidió. Al día siguiente, con el corazón en pedazos, fui al banco y deposité el dinero de vuelta en mi cuenta. Pero, aun depositando de vuelta el dinero, nadie lo reivindicó. Todos los días cuando entraba a la agencia para consultar mi saldo veía aquella suma en mi cuenta.

Después de un mes, llegué a casa y llamé a mi madre para conversar. Mi intención era que ella entendiera que el dinero era mío. Aunque no estuviera seguro.

– Mamá... el dinero está todavía en la cuenta.

Sin ni mirarme me respondió:

– Pero no es tuyo.

Yo sabía que esa discusión sería larga.

– Pero, mamá, nadie quiere ese dinero. Nadie va a notar si lo gasto.

Era como si estuviera trabajándome el espíritu. Cada vez que entraba a la agencia y veía aquella suma, sentía un apretón en el pecho y ganas de sacarlo todo y gastarlo.

Pero, después de tres meses, el banco retiró el dinero de la cuenta. Ciertamente notaron que había habido un error y que aquella plata no era mía. Pagué los pantalones, la billetera y la tabla con el salario de los meses siguientes.

DIOS SABE QUÉ ES BUENO PARA TI.

ECLESIASTÉS 6:12

Tres años después del día en que empecé a trabajar como cadete recibí una llamada. Las cosas parecían estar caminando hacia el éxito. Finalmente había sido ascendido. Como a nuestro jefe le gustaba mucho mi trabajo – yo era puntual y hacía siempre más de lo que era necesario – me ascendieron a auxiliar de oficina.

Ese fue mi primer cargo de liderazgo. La única gran diferencia era que yo no iba a salir a la calle para hacer entregas, iba a trabajar en la oficina y distribuir tareas en los buzones que había en la empresa. No tenía mucha idea de cómo sería mi futuro, pero sabía que ya estaba mejorando de vida. De repente recibí una llamada de mi padre:

– Necesito que renuncies, me dijo.

Respiré profundamente y con coraje le dije:

– ¿Que historia es esa papá? Trabajo en Porto Seguro, la empresa aseguradora más grande de Brasil. ¿Cómo voy a renunciar?

– Tienes que renunciar. Vamos a comenzar nuestro negocio propio.

Yo acababa de ser ascendido, pagaba mis cuentas y estaba satisfecho donde estaba.

– ¿Cuánto me vas a pagar?, le pregunté.
– Nada – fue su respuesta.
– ¿Cómo nada?
– No voy a pagarte nada, repitió.

Decidí decirle que no. Al final, no iba a dejar mi cargo de liderazgo recién conquistado.

– No lo haré papá.

En aquel momento se hizo un silencio. Podía oír su respiración, pero no su voz. Cuando finalmente dijo algo, fue categórico:

– Sandro, no es un pedido. Es una orden.

Sonreí sin gracia mientras mi jefe me miraba disimuladamente.

– Ya que me lo pides con ese cariño... Acepto.

Ese mismo día escribí mi carta de renuncia y le avisé al personal que iba a trabajar en el negocio de mi padre. El negocio de mi padre era una empresa en el garaje de casa.

A mediados de 1983, mi madre había comenzado a trabajar en Brasil Way, una empresa de cosméticos donde revendía productos. Mi padre había dejado de hacer horas extra en su trabajo para trabajar con ella. Mi madre no era exactamente el tipo de persona que jugaba para perder.

Doña Adelaida nunca entraba a jugar un partido para salir derrotada. Con esa fuerza, traía gente a nuestro garaje y les daba entrenamiento. Como ganaba comisiones, incluso sin mucho gusto por la ventas al principio, sentía que podía cambiar de vida a través de aquel negocio y apostó todas sus fichas en él.

Entre los dos habían formado un equipo poderoso en Brazilian Way, que llegaba a representar el 70% del negocio. La meta de mi padre era clara: "Si gano tres veces más de lo que gano como tornero mecánico, renuncio y trabajo contigo". El nombre de su equipo era Sol Nascente.

Después de cuatro años de mucho trabajo el dueño de la empresa los sorprendió. Les dijo que iba a criar ganado y cerrar la empresa. En ese período, mi padre tuvo que enfrentarse a su desierto y se quedó un año pensando en cómo resolver esa situación.

Hasta que Dios envió un ángel a la vida de mi madre. No sé si crees en esto, pero creo que a veces ciertas personas llegan a nuestra vida para traer buenas nuevas. Este ángel vino bajo la forma de una amiga que le dijo: "Adelaida, abre tu propia empresa".

Mi madre, que creía que sólo sabía vender productos y construir equipos de ventas en el garaje de casa, dijo que no entendía de empresas: "¿Y tú crees que yo sé cómo se abre una empresa? Yo sé capacitar vendedores. No sé armar equipos".

En ese momento, su pasión habló más alto y Doña Adelaida decidió armar su propia empresa. Fue cuando decidió vender las máquinas que usaba para coser y que eran fundamentales para nuestro sustento que mamá "quemó los puentes". Vendió las máquinas para comprar un Escarabajo color tomate para entregar sus productos. Apostó todas sus fichas al plan A, ya que no tenía plan B. Como le gustaba mucho la disciplina, la fuerza y el foco de los japoneses, Doña Adelaida preguntó un día: "¿Cómo se dice sol naciente en japonés?".

La respuesta fue HINODE.

Estoy seguro de que cuando entré en el garaje de mis padres y empecé a ayudarlos, Dios le dio una vuelta a la llave que había puesto en mi corazón. Me di cuenta de que era lo que quería hacer en mi vida.

Creía con total seguridad que Hinode sería una gran empresa. Su nombre de por sí ya tenía magia. Hinode significa "el primer rayo de sol del primer día de enero". Es en ese momento que el pueblo japonés se reúne para hacer sus oraciones, agradecer el año que pasó y pedir la bendiciónpara el año que entra. Hinode es el primer rayo de sol del año, porque Japón es la tierra del sol naciente.

Yo sabía que aquel rayo de sol que brillaba en los ojos de mis padres nos iluminaría a todos y sería capaz de iluminar toda la Tierra un poco más tarde.

Cuando empecé a ayudarlos hacía absolutamente todo. Envasaba productos por la mañana, separaba pedidos por la tarde y hacía entregas por la noche. Vivía cargando bolsas de productos en la espalda para hacer entregas y durante las entregas aprendí a conducir.

Ahí entendí que el puerto seguro (traducción de Porto Seguro) era dentro de mi casa, donde sin ninguna seguridad de que aquello podría funcionar, todo el mundo trabajaba con ganas de hacer que funcionara de verdad.

Sólo que en el primer año nuestra existencia como empresa no fue exactamente una maravilla. Agarrábamos 20 litros de champú y 10 litros de perfume, los poníamos en una especie de biberón y los precintábamos con una pinza. Había días que iba a mi habitación sin poder cerrar la mano de tantas ampollas que me habían salido por el esfuerzo.

Armar y administrar una empresa no era tarea fácil. En aquella época teníamos una inflación galopante y había días en que mi padre no encontraba envases y botellas para llenar uno de los productos, el Doctorzinho. Incluso en los días difíciles siempre decía: "Hijo, Dios está siempre al mando. Dios está siempre a mi lado".

Un día, una especie de milagro, de aquellos que ni siquiera sabíamos bien cómo ocurrían, se manifestó en nuestras vidas. Mi padre conducía por São Paulo pensando en qué hacer para conseguir los envases que le faltaban. De repente, apareció un camión lleno de productos delante de sus ojos y una caja se cayó prácticamente sola.

Vio la caja llena de productos y notó que era exactamente lo que necesitábamos: frascos vacíos iguales a los que estaban en falta. Pero, mientras mi madre era una mujer con atributos inestimables de honestidad, mi padre fortalecía su espíritu a través de la paciencia y la resignación. Miró la caja con los envases que se habían caído del camión, la recogió y siguió al conductor para devolvérsela.

Como la caja tenía la dirección de la empresa fue fácil encontrarla. Entró y contó por qué estaba allí.

– "Necesito envases", dijo, cuando encontró al responsable de la empresa.

– ¿Cuántos? – le preguntó el tipo.

– Unos quinientos.

Al dependiente una carcajada se le escapo de la boca y le dijo:

– ¿Estás loco? Desafortunadamente es imposible. Para poner este molde en la máquina necesito que lleves veinte mil unidades.

Mi padre respondió que no podía pagar por todo aquello y salió de la empresa con un semblante triste. Por algún motivo aquel hombre había sido tocado. Mi padre dice que su ángel debe haber conversado con alguien. Quien conoce la historia sabe que este hombre luego sería el primer gerente de la historia de Hinode.

– !Eh!… Don Francisco… Espere…

Había encontrado algunos envases como los que mi padre necesitaba y decidió ayudarlo. Cuando Don Francisco llegó a casa con la noticia todos festejamos con alegría. Mi madre, a pesar de todas las dificultades que estábamos enfrentando, decía confiada: "Va a salir todo bien. Es la única alternativa".

Al ver la fuerza que mamá tenía para inspirar a la gente entendía que la decisión estaba en nuestras manos. Y yo tenía los atributos y la disciplina necesarios para absorber más que los valores que me pasaban.

Fue con ellos que entendí que los superhéroes de los cómics podían ser de carne y hueso y todos nosotros podríamos crear nuestra propia historia con los poderes y las habilidades que cada uno tiene.

Hoy sé que para tener éxito se necesita amar lo que uno hace. Y no estoy hablando necesariamente de dinero.

Aquel niño que quería ser piloto de avión porque quería aprender a volar y coleccionaba cómics para conseguir encontrar el secreto de los superhéroes comenzaba a entender todo lo que era necesario para convertirse en un miembro de la Liga de Justicia de la gente de carne y hueso.

Sabía que podía volar, incluso sin pilotear un avión.

Con esa llave girada dentro de mi corazón, sólo tenía una certeza: Dios se preocupaba por mi futuro. Ya había entendido que Él era mucho más capaz que yo, pero yo sabía exactamente lo que debía hacer para llegar adonde quería.

TIEMPOS DE BUSCAR Y TIEMPOS DE DESISTIR, TIEMPOS DE GUARDAR Y TIEMPOS DE DESECHAR, TIEMPOS DE RASGAR Y TIEMPOS DE COSER, TIEMPOS DE CALLAR Y TIEMPOS DE HABLAR, TIEMPOS DE AMAR Y TIEMPOS DE ODIAR TIEMPOS DE LUCHAR Y TIEMPOS DE VIVIR EN PAZ.

ECLESIASTÉS 3:6-8

Si hoy sé cuán importante es cuidar a los demás es gracias a mis padres y a los mentores que escogí y encontré a lo largo de mi vida.

Si hoy sé pensar con el corazón, es porque crecí junto a mis padres, dos seres humanos que no desistieron ante las dificultades que encontraron a lo largo de sus vidas y que nos transmitían valores día tras día, sobre todo cuando no estábamos en las mejores condiciones económicas.

Si hoy creé un vínculo emocional con la empresa y con toda la familia Hinode, es porque con el tiempo creamos una compañía donde existe una relación de confianza mutua y donde las personas depositan su esperanza.

Todo lo que construimos fue a través de actitudes sólidas, muchas veces contrariando el sentido común y desde el principio siempre tuvimos el compromiso sincero de creer en la gente. Y esto permanece intacto.

Fue en la escuela EMPG Profesor Marcos Melega, en Lauzane Paulista, zona norte de São Paulo, que encontré algunos de los mentores que me inspirarían durante toda mi vida. En aquella época la relación alumno-profesor era de mucho respeto, los alumnos valoraban el papel del profesor y lo respetaban como a sus padres. A pesar de estudiar en la Escuela Municipal, que hoy es vista con malos ojos, tenía profesores que me elevarían por encima del promedio. Entre ellos Doña Ana Sueli.

Profesora de Ciencias, era una mujer extremadamente exigente que nos hacía creer en nuestra capacidad de ir adelante. Dedicada, nos veía como iguales y hacía que creyéramos en nuestros sueños.

Para Doña Ana Sueli no había diferencia entre razas, credos, colores y posiciones sociales, nos veía a todos como seres humanos exactamente iguales. Incluso a mí, que venía de una familia humilde, no me veía como pobre. Esto fortalecía nuestra autoestima sin que pudiéramos percibirlo.

Era a través de sus ojos que creíamos que podíamos contribuir con nosotros mismos, con nuestra familia y con el mundo. Incluso en nuestro esfuerzo diario, siempre nos desafiaba cuando decía: "Tú puedes más".

En aquella época, siendo el mayor de los cuatro hermanos, me exigía más a mí que a los demás. Pero todavía no creía que podría tanto.

En la escuela también aprendíamos el poder de la disciplina con Doña Antonia, una directora pragmática que estaba siempre convencida de que todo lo que hacíamos podría mejorarse con el paso de los días.

Sólo que no era ni el Himno Nacional ni las clases de Ciencias lo que me hacía vibrar. Lo que me gustaba de verdad eran los números.

Todos los días, tan pronto como llegaba a Hinode, tomaba los pedidos y los sumaba a mano, con la calculadora al lado. Mi cabeza giraba alrededor de los números. Era así que calculaba precio, primas y comisiones. Hacer esto en épocas de hiperinflación era aún más complejo y laborioso, pero no dejaba de ser fascinante.

Como teníamos cerca de 40 productos en el catálogo, revisaba los costos y calculaba el nuevo precio de los productos todos los meses. Sólo que, para poner precio, era necesario saber el valor del trabajo de cada uno de los que formaba parte de la familia

Hinode, que aún era reducida en la época. Aunque me gustara la Matemática, era la valorización del trabajo humano la que hacía que mi cabeza se conectara con el corazón y que observara el valor de la gente que estaba a mi alrededor.

Un día surgió un amigo, José Oscar, que después se convertiría en el primer director en la compañía. Oscar era ese tipo de persona que veía las cosas como eran y decía "¿por qué no mejorarlas?". A mi me encantaba este tipo de visión. Después de una breve visita me preguntó:

– ¿Qué tal un sistema de gestión?

Recuerdo que debo haber hecho una cara curiosa, porque luego me hizo otra pregunta:

– ¿No tienes una computadora?

No, no teníamos computadoras, ni soñábamos que un día manejaríamos todo a kilómetros de distancia a través del Internet.

Fue así que compré nuestra primera PC-AT. Estábamos en 1989 y la tecnológica de última generación tenía aproximadamente 10 megabytes de capacidad.

Además de la computadora compré algunos disquetes para almacenar nuestra información. Si tienes menos de 20 años y no tienes idea qué es un disquete, era un disco cuadrado que poníamos en un lector de la computadora para guardar información, era el *pen-drive* de aquella época. En ese período surgió la primera factura impresa, algo fascinante en la época y una evolución para mí, que pasé a ganar tiempo para usarlo con otros quehaceres.

Después de la jubilación de las calculadoras manuales, que fueron sustituidas por el sistema de gestión que funcionaba dentro de la computadora, entendí que la forma en que hacíamos cosas triviales siempre podría ser mejorada para que el trabajo fluyese mejor. Así que desarrollé procesos para envasar y entregar productos y empecé a provocar cambios.

Sólo que nadie llega a ningún lugar solo y para contar con una línea de producción es necesario contar con aliados. Mi Liga de la Justicia estaba llena de superhéroes de carne y hueso.

Esta Liga estaba compuesta por mis amigos de la calle. Eran ellos los que formaban parte de mi línea de producción. Fue en esta época que mi amistad con Guto, que es mi amigo más antiguo y hoy gerente de compra de Hinode, comenzó. La mayoría de las veces yo aparecía cuando ellos estaban jugando al fútbol y les pedía que me dieran una mano.

Aquel Sandro que le había dado una vuelta a la llave que llevaba en el corazón podría ser más maduro que sus amigos, pero aún era un niño y fue ese niño que decidió irse a vivir solo un día, aunque estuviera acostumbrado a vivir con gente en todos los rincones de su casa.

En cuanto manifesté que tenía ganas de ir a vivir solo mi madre fue categórica: "Si quieres, ve". Y así lo hice. Creo que mamá ya lo sabía mucho antes de que yo tomara las llaves del apartamento donde viviría solo durante seis meses, pero yo necesité vivirlo en persona para saber que no era lo que quería.

Pero ella sabía también que de nada serviría decirme que lo mío era estar rodeado de gente. Necesité vivir solo durante un tiempo para saber que no era lo que quería.

Sin embargo, otro hecho aislado ocurrido en el trabajo acabaría cambiando el rumbo de los acontecimientos, además de probar que coincidencias eran milagros, milagros en los que Dios prefería no aparecer.

El 15 de junio de 1989 Hinode ya estaba instalada en un edificio de dos pisos. Teníamos un galpón, una oficina y unas pocas maquinas, pero ya decíamos que contábamos con una línea de producción.

Ese día yo estaba trabajando en la parte de arriba, donde trabajábamos, Ivo, un amigo que había comenzado allí cuando éramos adolescentes, algunas personas de la oficina que hacían cobro, emisión de facturas y otras cosas más y yo.

Como me encanta saborear un buen café, bebía varias tazas durante el día, sólo que la cafetera más cercana quedaba en el piso de abajo. Ivo siempre bajaba y traía café para los dos.

Hasta aquel 15 de junio, cuando dijo:

– Sandro, no voy a buscar el café hoy.

Yo no era un tipo fresco, pero Ivo y yo teníamos aquella confianza mutua que sólo las amistades duraderas pueden proporcionar. No demoré mucho para responderle:

– Ivo, tú siempre vas. Búscate un café, por favor.

Él estaba convencido. No quería buscar el café de ninguna manera.

– Ya te lo dije Sandro, hoy no.

Me levanté y decidí bajar.

– ¡Está bien... hoy lo busco yo, pero sólo hoy! – le avisé, bromeando.

Aquel día crecí. Bajé las escaleras, encontré a mi padre y a Carlos, que trabajaban en el piso de abajo, y llené la taza de plástico con una generosa dosis de café. Mientras el café se enfriaba, empecé a charlar con mi padre hasta que oímos un estruendo.

El ruido parecía un golpe y pensé que algo se había caído al suelo. Nos quedamos los tres en silencio asustados con el ruido y luego oímos un segundo ruido fuerte de algo golpeando el techo.

Tiré el café y subí corriendo. Cuando entré a la oficina de arriba todo estaba inundado de rojo. Era la sangre de Ivo que había manchado las paredes, el suelo y principalmente su cuerpo. Caído en el suelo, Ivo estaba con la ropa toda manchada. Era como si su cabeza hubiera explotado, pero continuaba intacta.

La escena de toda esa sangre era como si estuviéramos en una pesadilla real.

Ivo había sido baleado y el tiro había sido disparado por una persona que me buscaba. Probablemente era un asalto, pero no parecía que el asaltante tenía la intención de lastimar a nadie, porque estaba asustado cuando el arma se disparó sin querer y el tiro alcanzó la boca de Ivo. En aquel momento, no sabíamos ni siquiera dónde la bala estaba alojada, pero la necesidad era socorrerlo inmediatamente y llevarlo a un hospital.

Todo había ocurrido de forma muy rápida; el sujeto había entrado por la puerta delantera del edificio y había subido al segundo piso justo cuando yo había bajado. Mi corazón latía fuertemente y no hice ninguna pregunta en ese instante, sólo alcé a Ivo y bajé las escaleras rápidamente hasta llegar a mi coche.

Yo estaba tan nervioso que entré con él en el asiento trasero del coche y lo apoyé en mi falda, olvidando que tenía que conducir.

Me acuerdo que la primera noticia que el médico nos dio fue que la bala estaba alojada en la columna y que si se movía mi amigo podría quedar tetrapléjico. Yo no sabía si le agradecía por saber que estaba vivo o si rezaba para que la bala no se moviera. Sólo sabía que, si no hubiera bajado a buscar un café, podría estar muerto.

Durante las noches que me quedé en el hospital al lado de Ivo el médico decía que no podía moverse. Luego, Eduardo, Guto y yo nos rotábamos para que Ivo tuviera compañía.

Fueron tres meses interminables de aflicción hasta el día que le dieron de alta. Aquel día, quien hizo un pedido fue él y no era una taza de café.

"Sandro... tengo mucho miedo de ir a casa. ¿Puedo quedarme en tu casa por algún tiempo?". No dudé en acoger a Ivo y no sospechaba que los días fuera del hospital serían más tensos que los que estuvo dentro. Con mucho miedo Ivo tenía pánico de cualquier ruido que oyera y, sin conseguir salir de casa, vivía en estado de tensión y angustia. El miedo era tan grande que se bañaba con la puerta abierta para no quedarse solo dentro del baño.

Ciertas intervenciones divinas nadie explica. Hasta hoy no sabemos por qué aquel 15 de junio Ivo resolvió no bajar a buscar un café para mí en la fábrica, como hacía todos los días, ni por qué tres meses después, mientras se bañaba con la puerta abierta, un viento fuerte haría que la puerta se golpeara con fuerza. El ruido que hizo la puerta al golpearse fue tan alarmante que Ivo se asustó y resbaló. En la caída se golpeó la cabeza contra el inodoro. Sólo me enteré de lo ocurrido cuando recibí la llamada de la persona que trabajaba en casa, diciendo que Ivo estaba delirando de fiebre y pidiendo socorro.

Corrí a casa y lo llevé de nuevo al hospital donde encontramos el mismo neurocirujano que lo había tratado después del accidente anterior y que le pidió algunos exámenes. Yo estaba afligido porque sabía que la bala no podía moverse del lugar donde estaba alojada. Cuando el médico salió de la sala y me dio la noticia de lo que había sucedido, no pude evitar las lágrimas.

"Con la caída se golpeó la cabeza. El golpe hizo que el proyectil se desplaza desde la columna hacia la garganta. Y gracias a ello fue posible que le hiciéramos una cirugía simple para retirarle el proyectil". Desde aquel día en adelante no existiría más la posibilidad de dudar de la existencia de Dios. Conforme el médico iba hablando yo recordaba el miedo que teníamos de que la bala se moviera y que así Ivo pudiera quedar tetrapléjico. La bala se movió, pero justamente hacia el lado contrario, salvándole la vida.

Esto había ocurrido gracias a la puerta que se golpeó, lo asustó y se cayó.

Cuando salimos del hospital, apenas podíamos creer en las coincidencias que habían sido parte de nuestras vidas durante esos meses y, aunque estaba feliz de estar vivo y de ver a mi amigo fuera de riesgo, todavía estaba sorprendido por la fuerza de los acontecimientos.

Mientras Ivo empezaba a calmarse, yo comenzaba tardíamente a sufrir el impacto emocional por aquel fatídico día. Estaba tan asustado con todo aquello que necesité pedir licencia en Hinode. Necesitaba descansar del día a día en la fábrica para olvidar el ruido de aquel tiro. Por eso, empecé otro negocio en paralelo que también tenía que ver con la audición: una tienda de equipos de música para automóviles.

Yo era un joven sagaz, me gustaban los coches. Le pedí dinero prestado a mi madre para abrir este negocio que me parecía interesante. En aquella época, debe haberme prestado unos 10 mil dólares y yo salí de allí lleno de ideas. No entendía mucho sobre sociedades, pero enseguida aprendí lo primero: para que un negocio, una situación o una relación funcionen, es necesario que todos remen al mismo tiempo.

Aprendí eso gracias a la experiencia que me ofreció esta tienda. Había abierto la tienda con un socio cuyo compromiso era totalmente diferente. Mientras yo llegaba temprano y quería trabajar, él comenzaba su jornada a las 11 de la mañana. La tienda era en la zona norte y aparecían clientes de todos lados. Venía gente de la zona sur e incluso ganamos un campeonato de equipos de sonido después de apenas seis meses de tienda abierta.

En cierto momento percibí que el negocio no iba a funcionar. Yo me dedicaba al 100% y la otra parte no se dedicaba con la misma intensidad. Una de las cosas que aprendí, cuando tomé la decisión de abandonar la tienda, fue que una buena asociación funciona cuando los socios tienen la misma iniciativa, los mismos objetivos y trabajan a la par. Yo nunca tuve problemas de tomar a alguien de la mano y si fuera necesario de tironearlo un poco para caminar juntos, pero salir de donde estoy, caminar hacia atrás y empujarlo por la espalda es algo que no consigo. En en el caso de esta tienda era así, y no funcionaba, si siguiéramos así no llegaríamos a ningún lugar.

Yo ya estaba muy decidido y tenía claro qué quería y qué no quería. Así que vendí mi parte por 23 mil dólares, un año después del inicio del negocio, y pude devolverle todo el dinero a mi madre.

Ella se puso feliz por que yo volvía y que en ese momento ya no sentía más miedo. La herida abierta con lo ocurrido a Ivo ya había cicatrizado y yo sabía dónde era mi lugar.

"Mamá, papá, éste es mi lugar. ¡Hinode es mi lugar!" Esta frase marcó mi regreso. Incluso sin haber salido nunca, ése era el momento de volver y entrar con todo. Era un momento de cambios.

CUANDO YO ERA NIÑO, HABLABA COMO NIÑO, PENSABA COMO NIÑO Y RAZONABA COMO NIÑO. CUANDO ME CONVERTÍ EN **HOMBRE** DEJÉ ATRÁS LAS COSAS DE NIÑO.

1 CORINTIOS 13:11

La historia de Hinode tiene algunas vueltas inesperadas que siempre me han hecho creer que es el poder de Dios el que nos guía y nos muestra el camino cuando menos lo esperamos. Estaba trabajando en el interior de Goiás y noté que había algo diferente en el hotel donde estaba hospedado. Había un bullicio inusual en el hall. Había pasado todo el día mostrando y vendiendo planes y productos Hinode, pero aún así quise saber qué estaba pasando.

Fui a la recepción, atento a lo que pasaba y pregunté qué estaban haciendo allí esas personas: "Ah, es una empresa que va a hacer una reunión aquí", respondió la recepcionista.

Nadie sabía decirme cuál era el nombre de la empresa, pero insistí hasta que vi un papel escrito "Amway". Aquel día, a mediados de 1991, nacía mi primer contacto con el marketing multinivel. Subí a mi habitación y decidí que, ya que estaba allí, valía la pena hacer un esfuerzo y bajar para ver qué estaba ocurriendo.

Siempre fui muy curioso y siempre quise entender aquello que no sabía. Aquello me llamó la atención porque cuando hacíamos nuestras reuniones de ventas con mi equipo de ventas a lo sumo llegábamos a 10 personas. En esta reunión había más de 100 personas.

Mi cabeza y mi corazón decían que algo interesante ocurría en aquel salón. Yo observaba a la gente y seguía sin entender qué las motivaba a estar allí. Sin celular o Google, que no existían en aquella época, tuve que investigar mucho para descubrir algo.

Necesitaba tantear todo y conversar con los involucrados y así poder tener mis propias percepciones. Pero era un nuevo negocio, que nadie conocía, y todo lo que es nuevo causa un cierto temor. Yo veía que se trataba de algo disruptivo, muy diferente de lo que estábamos acostumbrados a hacer en ventas directas. Les confieso que de aquel día en adelante era como si una semilla hubiera comenzado a germinar dentro de mí. Si yo quisiera que Hinode fuera una empresa grande necesitaría más que autoconfianza. Necesitaría reinventar una industria muy acostumbrada a un modelo antiguo.

Al rastrear cambios descubrí en Amway muchas cosas interesantes: tenía una visión de negocio completamente diferente, una empresa estadounidense, creada en un país de cultura emprendedora, nueva en Brasil, que era un país que aún tenía una fuerte cultura de empleo fijo, o sea hacer lo mínimo para ganar un salario a fin de mes.

Incluso sin entender muy bien qué hacía Amway, todo esto que descubrí me tocó. Creía que Hinode sería una gran compañía donde construiríamos algo que tendría mucho significado en la vida de muchos, porque desde el primer día esa era la gran misión de la empresa: ofrecer a la gente oportunidades para cambiar su vida, a través de la venta de productos de altísima calidad a un consumidor extremadamente exigente por medio de la construcción de equipos de ventas. Queríamos causar impacto y hacer que la gente progresara.

Yo no sabía si mis planes de crecimiento eran viables, pero pasé a buscar algo diferente para Hinode en todas las áreas. Trabajé en el desarrollo de productos, contraté la primera agencia de diseño de producto, empecé a crear anuncios de revista, a participar de ferias y exhibiciones del sector, y a buscar un futuro diferente para Hinode. No podía predecir cuáles serían los cambios estratégicos que tendríamos que adoptar, pero veía sentido en todo aquello que empezaba a modelarse para crear algo nuevo. Yo mantenía vigor y entusiasmo día tras día, mientras mi espíritu emprendedor buscaba olfatear dónde se harían las transformaciones más grandes.

Así empecé a probar modelos sin ocultarle nada a mi equipo, tanto a la gente de ventas – que son nuestros líderes de venta – como a los empleados de la oficina. Sabía que no podía esconderles nada, por eso, siempre compartía todo con ellos y, de esa forma, la confianza se fortalecía cada vez más y el vínculo que se establecía se volvía aún más genuino.

Mientras aprendía a ejercer mi liderazgo generaba una complicidad muy fuerte con todos. Defendíamos la misma idea, sabíamos las mismas cosas y yo compartía nuestra estrategia, algo que se convirtió en la piedra angular del negocio. Uno de nuestros secretos para el éxito acabó siendo exactamente ese: contar con un grupo unido y sólido que convertía Hinode en una verdadera familia.

Uno de los primeros intentos fue generar una operación piloto mononivel. Quise insistentemente que fuéramos una empresa como Natura o Avon, que eran las grandes compañías del sector. Evidentemente esto no funcionó. A diferencia de aquellas marcas, nosotros éramos una empresa de reventa y de equipos de venta, nuestro ADN iba más allá de vender productos y construir equipos de venta. Construíamos redes de consultores sin saber que eso era marketing multinivel, pero ya lo hacíamos.

Armar una estrategia mononivel era diferente, ya que en este modelo no existe la construcción de equipos de venta, todo el liderazgo de ventas era una fuerza de ventas contratada que después reclutaba a otros revendedores.

Pero Hinode nunca tuvo gerente de ventas, siempre tuvimos personas reclutando gente. Era muy difícil entender aquellas cuestiones de sectorización. El mononivel, en aquella época, sectorizaba Brasil y presuponía un área cerrada de actuación. De esta forma, los gerentes tenían acceso limitado a las regiones, así como los cadetes en Porto Seguro, que eran responsables apenas por un área.

Sabía que ya no estaba en Porto Seguro trabajando con un área predeterminada. Quería tener espacio ilimitado para trabajar y enseñar a la gente a construir sus redes y a cambiar de vida, independientemente de la región donde estuvieran.

Fue justo en ese período que abrimos empresas distribuidoras. Eran distribuidores locales, en determinados puntos de Brasil, que distribuían nuestros productos a vendedoras de su región.

El éxito fue relativo, ya que tuvimos mucha morosidad. Muchos le daban plazo para pagar a sus vendedores y cuando los vendedores no pagaba no podían pagarnos. Otros usaban el dinero de forma equivocada. Aquello nos consumía, pero nos trajo grandes lecciones. Una de ellas fue durante un viaje que hice con mi madre al nordeste del país.

Teníamos tres distribuidores en Maceió y el principal de ellos era un hombre que no retrasaba los pagos ni siquiera un día. Por otro lado, había otra distribuidora llamada María que nos daba un trabajo enorme para pagar. Mi madre y yo fuimos a visitar en coche la región de estos distribuidores. Enfrentamos lluvia, carreteras mal cuidadas y un neumático pinchado. Era una jornada que parecía no terminar nunca. Llegábamos a una ciudad, hacíamos las reuniones que teníamos que hacer y partíamos a la mañana siguiente.

En cuanto llegamos a Maceió fuimos a ver a este distribuidor que pagaba muy bien. Él me miró a mí y a mi madre con un cara de quien ya sabía todo y me preguntó:

– Estás con problemas con María, ¿no?

Mi madre y yo nos miramos. Como siempre fuimos muy transparentes, porque queríamos fortalecer el lazo con las personas, queríamos que todos nos tratáramos como si fuéramos una familia, y le respondimos:

– Sí, ella está pasando por dificultades...

Él sabía que era un buen pagador y un buen distribuidor. Noté algo diferente en su voz cuando dijo:

– Estoy dispuesto a ayudar a María.

Lo miré sin entender muy bien de dónde venía aquella predisposición repentina.

– Que buena noticia. ¡Muy bueno!

Me miró a los ojos y continuó:

– Estoy dispuesto a pagar su deuda con Hinode.

Mi madre, que conservaba su sabiduría y su manera de ver las cosas a través de las palabras, preguntó para ver si había entendido bien:

– ¿Quieres pagar la deuda María?

Afirmó con la cabeza y siguió:

– Sí, quiero pagar su deuda. No hay problema, pago su deuda.

Doña Adelaida notó algo en el aire. El clima parecía haberse modificado y, aunque aquella noticia parecía animadora, existía algo que necesitaba ser dicho.

– Qué bueno, si puedes pagar nos ayuda bastante.

Y él siguió:

– Pero hay una condición.

Mi madre frunció la frente:

– ¿Condición? ¿Cuál?

Él determinó:

– Quiero que la despidas de la compañía.

Su idea era clara: quería pagar las deudas de María para quedarse con toda la cartera de clientes que ella tenía. Mi madre, que no negociaba principios, no tuvo duda. Pausadamente le respondió:

– Escucha bien lo que te voy a decir. Eres mi principal distribuidor, eres el que más compra, el que mejor paga, pero hay algo que no sabes sobre mí: creo que una persona no tiene precio.

El hombre abrió los ojos. Ella continuó:

– Te necesito, pero por más que seas muy importante para mi negocio necesito decirte una cosa: o retiras lo que has dicho o será contigo que no podremos hacer más negocios.

Él tragó en seco las palabras de mi madre, su expresión cambió y pidió disculpas.

En el viaje de regreso, sabíamos que, por más que él fuera un buen pagador y un excelente profesional, algo se había roto en nuestra relación. No teníamos como explicarlo, pero era como un cristal que se había roto de repente.

Sabíamos que era imprescindible que todos compartieran el éxito de la empresa, pero teníamos una conducta clara, teníamos principios, y Doña Adelaida estaba convencida de que siempre podíamos elegir con base en principios, sin herir o faltarle el respeto a nadie.

Mi madre me enseñó a usar la cabeza, pero este fue un buen ejemplo de cómo usar también el corazón. Ella tenía una especie de brújula que la guiaba a tomar las decisiones certeras. No se trataba de dinero. Nunca se trató. Queríamos una empresa honesta, respetuosa, que no negociara personas. Para Hinode los valores eran más importantes que las metas. Sabíamos cuál era nuestra responsabilidad.

El efecto devastador de esta conversación sólo llegó seis meses después, cuando este distribuidor dejó la compañía. Milagrosamente, María, que era quien no había podido pagar sus deudas, asumió la misión de cambiar su vida y lo hizo por completo. Cambió su dirección 180 grados y estuvo en la compañía 20 años.

Esta experiencia nos dejo la prueba de que los valores que yo había aprendido en la infancia eran lo suficientemente sólidos como para mantenerse hasta mi edad adulta. Estar al lado de mi madre y observar la manera como conducía este tipo de conflictos dejaba claro el tipo de relación que queríamos tener con la gente y el tipo de gente que queríamos que representara a Hinode.

En los años que siguieron diversos cambios fueron provocados en la empresa. Contratamos la primera consultora en ventas directas, participamos en nuestra primera feria cosmética en el Pabellón de Anhembi, producida por Alcántara Machado, donde tuvimos nuestro primer stand. Fue allí que conocí a un tipo muy importante en mi historia, que se convertiría en uno de mis mentores: João Carlos Basílio da Silva, que era presidente de la Asociación Brasileña de Industria de Higiene Personal, Perfumería y Cosmética (Abihpec). Yo tenía 26 años, ya estaba casado con Leila y, por alguna razón, tuvimos una conexión inmediata.

Yo ya lideraba la compañía en aquella época y queríamos un lindo stand para la feria. Había asumido definitivamente el liderazgo corporativo de la empresa después de todos los movimientos que yo había provocado.

Hoy, observando el pasado, sé que cuando caminamos seguros y sabemos hacia adónde vamos, todo conspirara a nuestro favor. Las personas correctas fueron surgiendo en mi vida y siendo parte de una historia que acababa de empezar. Fue una tarde cualquiera que me llegó una invitación que me sorprendió y me agarró desprevenido: João Carlos me invitaba a formar parte del directorio de Abihpec.

La primera vez que entré en esa sala con todos los demás directores, me sentí como un miembro de un clan exclusivo y especial. Veía aquellas empresas increíbles que admiraba y me quedaba fascinado por ser una de ellas. Eran empresas exitosas, nacionales y multinacionales. Yo no podía creer que estuviera respirando el mismo aire que los dueños de Boticário o Natura, empresas que admiraba, sentado al lado del vicepresidente de Johnson & Johnson, con el director de Procter & Gamble, con el director de Lever, con el director de Revlon o con el director de Wella y de Bozzano. Mirando a aquellos hombres y a aquellas mujeres increíbles, como Dirce Grotkowski, dueña de Payot, o como João Carlos Basílio da Silva, que era el presidente de todo esto, sentía que estaba cumpliendo mi propósito y en el camino correcto para llevar a Hinode a un nuevo nivel.

Me espejaba en los profesionales con los que convivía y aprendía mucho en las reuniones. Aprendía sobre gestión y visión, y en cada una de ellas participaba de debates para solucionar desafíos. Joven, yo los veía como grandes maestros que tenían mucho para enseñar y de alguna manera intentaba nutrirme de aquella convivencia cercana.

Aprendí mucho sobre razonamiento lógico, sobre cómo posicionarse corporalmente. Y así participé activamente en la solución de desafíos relacionados con la industria de higiene personal, perfumería y cosmética. Eran desafíos complejos, como por ejemplo la reducción del Impuesto sobre Productos Industrializados, que era muy alto. Teníamos un perfume con una carga tributaria del 77% e hicimos un trabajo muy fuerte entre todos los directores para reducirla. Fue con ese empeño dedicado de cada uno de los miembros del Consejo que redujimos este impuesto a aproximadamente un 20%.

Me sentía orgulloso de estar allí formando parte de todo esto. Juntos pasamos por momentos de grandes transformaciones en el sector, como cuando se crearon agencias, como la de Vigilancia Sanitaria. En esta época todos los productos de nuestra industria necesitaban registro; entonces, antes de lanzar un producto teníamos que hacer todos los trámites para tal. Sin registro no podíamos comercializar el producto.

El problema es que en algunos casos, los trámites podían demorar un año. Así, Abihpec trabajó muy fuerte en la desburocratización del sector. Día tras día fuimos creando las reglas del juego y dividimoslos productos en grados i y ii. De esta manera, sólo necesitábamos notificar a Anvisa. Yo miraba esta fase como una transición entre el Sandro niño y el Sandro adulto pero aún soñador, al lado de personas que caminaban con seguridad en la construcción de algo innovador y amplio.

Aquel momento fue un divisor de aguas en mi carrera, ya que hasta entonces yo era parte de una empresa seria, pero venía de un modelo corporativo familiar que no tenía el mismo tipo de bases. Yo era hijo de una costurera y de un tornero mecánico que habían comenzado un negocio sin visión corporativa o visión de gestión teóricas, aunque intuitivamente tuvieran más visión que cualquier otro empresario del segmento.

Todo lo que sabíamos había sido asimilado en la práctica, de forma empírica. Aprendimos todo en la práctica y yo quería transformar todo en algo mucho más grande. Estar al frente del legado de mis padres me traía una emoción diaria inexplicable y me hacía entender la importancia de aquel cargo de liderazgo.

Durante todo este período de aprendizaje en la dirección de Abihpec muchas cosas sucedieron, como la primera participación de Hinode en una feria internacional, la feria Cosmoprof, la más grande del sector, en Bolonia, Italia.

Antes de partir a Italia viajamos a una feria comercial en Portugal. Éramos un grupo de brasileños que se reunió en casi un sótano de Lisboa, en el edificio de Telecom Portugal, que no tenía nada que ver con el asunto. El espacio donde teníamos a disposición para armar los stands era en el subsuelo de Telecom Portugal y tenía alrededor de 200 metros cuadrados. Allí nos reunimos 10 empresas brasileñas y nos pasábamos horas mirándonos unas a otras, preguntándonos si alguna alma viva entraría en aquel lugar.

Pero al final entraron dos, Vitor y Lourdes Lopes. Vitor caminó, caminó, caminó y se detuvo justamente en el stand de Hinode. Conquistamos así nuestro primer cliente internacional. Con él armamos la Hinode portuguesa, que prosperó durante muchos años, los años que duró su casamiento con Lourdes.

Durante ese período de crecimiento profesional y personal me empeñaba en mejorar la compañía y estudiar sobre marketing multinivel era una verdadera obsesión.

Empecé a leer sobre Amway, que no había tenido tanto éxito en la primera oportunidad en Brasil y así vislumbré el momento en que nos convertiríamos en una empresa de marketing multinivel. Leía sobre Herbalife y estudiaba cuidadosamente cómo preparar a Hinode para transformarla en una empresa de marketing multinivel.

Mis padres me alentaban, como siempre, a seguir mi intuición. De esta manera me sentía cómodo para desafiarme a mí mismo y soñar alto.

Fue así que contraté mi primera consultora de venta directa, una empresa formada por dos tipos admirables en el segmento: Marcelo Pinheiro y Marcelo Alves, que fueron muy importantes y me trajeron un concepto llamado "marketing de canal", que pasaría a integrar nuestra estrategia.

Su discurso era el siguiente: "Existe el marketing de producto, que es el marketing de ventas, y por otro lado, como se trabaja con personas, existe el marketing que se hace para el canal de personas. ¿Cómo promueves esta red de reventa? ¿Cuáles son las promociones? Una promoción para una red de reventa es una cosa, una promoción para el consumidor final es otra". En la primera reunión nos trajeron este concepto.

Con Marcelo Pinheiro aprendí sobre segmentación e identifiqué que sería importante para nuestro negocio. Era fundamental entender que necesitábamos tratar públicos diferentes de maneras diferentes.

Este concepto quedó muy claro en mi cabeza, una luz se encendió y fue exactamente así que empezamos a crear una estrategia para armar el calendario de ventas, una nueva herramienta que conocí durante este proceso y que todos los equipos empezaron a usar. De esta forma, teníamos fechas definidas para enviar pedidos y recibir pedidos.

Hasta que, en 2008, me desperté una mañana y dije: "Llegó la hora, ya intenté todo lo que necesitaba intentar, ya conozco todo lo que no funciona. Aprendí mucho de lo que no está bien, ya sé todo lo que no lo está, así que ya no tengo que pagar este precio, creo que es hora de empezar a decirle a la gente qué funciona, porque ya sé qué no funciona".

En esta época tenía algo muy claro en la cabeza: antes de liderar es necesario aprender a servir.

Había aprendido eso en mi infancia con Jesús, que era un gran líder pero también el primer gran siervo. Estaba claro desde que conocí la historia de este líder que el principio del liderazgo yacía en servir. Sabía que jamás sería un buen líder si no aprendiera a servir y a seguir.

Todo el mundo necesita seguir a un líder que admire y que sirva de ejemplo. Seguir a un líder es reflejarse en su modo de pensar, de actuar y de hacer frente a los percances de la vida. Seguir a un líder es inspirarse en quien ha caminado un camino que tú quieres recorrer. Por eso es muy importante saber a quién seguir.

Si todo el mundo tiende a seguir, tienes que saber a quién estás siguiendo. Tienes que conocer sus valores, qué piensa, y principalmente entender que tal vez no tenga todas las respuestas que necesitas.

Para seguir a alguien, necesitamos saber a dónde esta persona quiere llegar. Un líder tiene que saber a dónde quiere ir y aprendí que no siempre la velocidad es sinónimo de eficiencia. Aunque me encante la velocidad y creo que es importante hacer las cosas rápido, si vamos rápido por el camino equivocado nos dirigiremos rápidamente hacia un lugar donde lo que queremos no va a funcionar.

Demoramos un buen tiempo para identificar que había llegado la hora de hacer lo que tenía que ser hecho. Por algunos días tuve la certeza absoluta de que todo iba a salir bien, y tenía completa carta blanca de mis padres, que se habían divorciado pero seguían más juntos que nunca en la sociedad, con plena seguridad de que el modelo establecido en aquel momento era un modelo que no funcionaría y no permitiría que la empresa realmente alcanzara el potencial que yo sabía que tenía, así que necesitábamos cambiar nuestra forma de hacer negocios.

Confiaba en la idea de que seríamos grandes. Leí y estudié con criterio cada paso que daría, estaba más unido y fortalecido que nunca con mis hermanos que se estaban capacitando en sus áreas de actuación. En momentos diferentes Alessandro estudió marketing y luego fue a Australia a estudiar inglés; Crisciane viajó a Estados Unidos para estudiar inglés y luego entró a la facultad de

Derecho, y Leandro estudió Farmacia con énfasis en Cosmetología. Todos mis hermanos se habían graduado antes de entrar a la empresa, tanto en el área de operaciones como en la de ventas y marketing. Cuando estábamos todos alineados, resolví de una vez por todas: ¡Llegó el momento!

Contraté al mejor consultor de marketing multinivel de la época, una persona que confiaba en la idea, y preparé todo. Lo primero fue el sistema, porque el marketing multinivel exigía buena tecnología. Armamos una página web para mostrar el negocio, teníamos una oficina virtual para que la red desarrollara el negocio y yo estudié y armé el plan de compensaciones, completo. Cuanto más pensaba en esto, más prometedor me parecía.

Como había mucha transparencia en mi red, invité a los principales líderes de Hinode a una reunión. Era marzo de 2008 y facturábamos unos 700 mil reales al mes.

Invité a 50 líderes a una reunión de ventas en el hotel Bourbon. Siempre he tenido la tendencia a creer mucho en lo que llamo de *big view*... Me gusta esa idea. Ya que tengo que pensar, mejor pensar grande. Si piensas grande o pequeño, tendrás el mismo trabajo, entonces mejor pensar grande. Por eso, las palabras para el equipo fueron:

"Vamos a hacer que Hinode sea la mayor empresa de Brasil, seremos mayores que las ya grandes empresas brasileñas".

Yo no quería ser más grande haciendo a los otros más pequeños, quería ser grande y quería hacer todo bien. Siempre usé una frase que para mí era como una lección de vida: "Nunca he gastado un segundo de mi vida o una neurona de mi cerebro deseando el mal a los demás". No era parte de mi naturaleza porque yo tenía muy claro que mi éxito no dependía del fracaso de nadie. No necesitaba que alguien fracasara para tener éxito. Mi éxito dependería de mi trabajo y principalmente de lo que creo, mi éxito dependería de mi dedicación, mi éxito dependería del tiempo que yo estaba dispuesto a trabajar, porque el éxito te toma tiempo.

Hasta hoy afirmo lo siguiente: que Dios me dé 100 veces más que cualquier cosa que yo le desee a un competidor mío. No estoy hablando de cosas buenas. Me refiero a cualquier cosa, que Él me dé 100 veces más.

Cuando decía que sería más grande que las empresas brasileñas, estaba queriendo decir que yo quería ser grande no porque quería que el otro fuera más pequeño, simplemente quería ser grande.

Yo tenía una visión increíble del negocio. No sé si tú ya has tenido una idea que te parezca brillante, o algo que hayas creído que realmente iba a transformar a alguien, yo la tenía, así lo creía y con ese entusiasmo decidí transmitir mi idea a la gente.

Cuando reuní a todos los líderes de Hinode, y les expliqué que era un negocio revolucionario, estaba excesivamente entusiasta. Todos creyeron en lo que les proponía y todos vibraron como si fuéramos a llegar a la Luna.

La emoción se podía sentir en la piel y absolutamente todos creyeron que era el negocio del futuro. Hasta Doña Dielza, que había sido patrocinadora de mi madre al inicio, estaba en esta reunión. Ante mis padres y hermanos hice la promesa: "Va a funcionar".

Mientras hablaba, recordaba la convención de los 15 años de Hinode que fue muy marcante. Fue un evento en un hotel llamado Aguas de São Pedro. En ella, sorteamos nuestro segundo coche, un coche cero kilómetro, que en aquella época tenía un valor considerablemente alto. En el evento lanzamos una línea infantil.

Con la misma energía que entregué el coche les di la noticia. "Amigos, el 31 de mayo borramos una compañía y un modelo de venta y amanecimos el día 1º de junio con una nueva compañía".

La gente de Paraíba estaba acompañando la reunión por Internet, al oír la noticia abrieron una botella de champán. Era como si festejáramos el año nuevo. En aquel momento le agradecí a Dios: "Gracias señor, todo va a salir bien."

Estaban todos preparados. El sistema estaba preparado, la gente estaba a mi lado, teníamos un producto de altísima calidad, fábrica, modelo listo, plan de marketing listo, sitio web listo y un plan cuidadosamente estudiado.

Creía que no había cómo fracasar.

Con una fe inquebrantable pisamos junio de 2008, el primer mes del nuevo negocio. Las expectativas estaban en las alturas y todos estábamos confiados de que estaríamos navegando en un océano azul. Yo había comprometido a todos con mi ideal, estaba ansioso por ver los resultados de lo que yo veía como un período de prosperidad sin fin hasta que llegaron los números de la primera facturación.

Toda esta confianza y convicción se transformaron en una frustración intensa y evidente, fue un balde de agua fría. Imaginaba que podríamos tener un resultado apenas satisfactorio o que al inicio nada cambiara, pero ni en mis peores predicciones estaba la idea de que la facturación tuviera esos números. El shock fue tan grande que sentí dolor en el pecho, en el corazón. Era una mezcla de incredulidad y miedo. Una sensación extraña de que algo se me había escapado de control. Estaba en shock, ya que no era fácil pasar por eso después de 20 años de historia.

La caída en la facturación no había sido de un uno, dos o cinco por ciento. Estamos hablando de un noventa por ciento. No me imaginaba cómo podría haber ocurrido, pero pensaba que los meses siguientes podrían ser diferentes. A pesar del escenario desastroso, todavía mantenía una posición optimista e intentaba evaluar lo que había ocasionado esta caída.

Yo me acordaba de la cara de cada una de las personas que habían confiado en mí, de la expresión de alegría e intensa ansiedad que manifestaron al ver aquella idea que yo había propagado y sabía cuál era la responsabilidad de conducirlos por este período si nada de lo que yo había previsto ocurriera como lo había previsto.

Ni me lo imaginaba, pero eso era sólo el comienzo de lo que vendría por delante. Del mes de junio de 2008 en adelante pasé por los cuatro años más difíciles de mi vida. Este era el inicio de mi Desierto.

TAMBIÉN VIERON CÓMO EL SEÑOR SU DIOS LOS CUIDÓ TODO EL TIEMPO QUE ANDUVIERON POR EL DESIERTO, IGUAL QUE UN PADRE CUIDA A SUS HIJOS; Y AHORA LOS TRAJO HASTA ESTE LUGAR.

DEUTERONOMIO 1:31

Atravesar el desierto que se me presentó en 2008 fue definitivamente el reto más grande de mi vida. Aquella visión de éxito que yo había invitado a tener en la reunión con los líderes, y que parecía ser tan real para todos, empezaba a desvanecerse en la cabeza de todos los que habían decidido emprender el camino junto conmigo.

Lo más difícil era ver a líderes, que estaban acostumbrados a ganar 3 mil reales por mes, ganar diez veces menos. Padres y madres que habían depositado su fe en mí, creyendo en este sueño, sin dinero para pagar lo básico de sus casas.

El poco de dinero que yo tenía prácticamente lo distribuía entre la gente. La veía a Dielza, que era separada y estaba ganando menos que un salario mínimo, y me sentía en la obligación de ayudarla. Así como Dielza, estaba Márcia, Rosana, Eliene, personas que estaban conmigo hacía tantos años, y ahora pasaban necesidades

Pero la mayor dificultad, sin sombra de dudas, era conmigo mismo. Dentro de mí convivían dos enemigos: el que quiere abandonar todo y el que incentiva. Mientras uno me hacía sentir mal, diciéndome que yo había hecho que todos fueran a parar al fondo de un pozo, el otro me decía: "Si tú fuiste responsable, sólo tú puedes ayudarlos".

Era así que convivía con estos dos tipos que comenzaban a ganar forma y color dentro de mi mente. Yo siempre fui mi crítico más severo y mi incentivador más animado, pero nunca había sentido un dilema tan grande dentro de mí. Sabía que tenía que recompensarme, pero también necesitaba criticarme. Aunque uno quiera, no se engaña ni a Dios ni al hombre que yo veía todas las mañanas en el espejo.

La batalla entre el que quiere abandonar todo y el que incentiva fue lo suficientemente fuerte para desestabilizarme. Tenía plena conciencia de que era una verdadera batalla de gigantes. Sabía que era yo el que me derrotaba y era yo el que me alentaba, que me llevaba hacia la cima. Nuestro sentido de responsabilidad era aún mayor, porque incluso mi estado frente a aquella situación dependía de mí.

Todo, absolutamente todo, empezó a salir mal. Cuando digo mal, digo muy mal. Y el ser humano tiende al confort; la naturaleza humana tiende a entrar en zonas de confort. Todos nosotros tenemos una zona de confort y nos sentimos atraído por ella, por eso es muy importante saber una cosa: en la zona de confort no hay progreso.

Cuando todo está bien, no progresas ni amplías tus límites.

En este período de intenso aprendizaje, me desafiaba día tras día y estaba en la peor zona de incomodidad del mundo, sin nada y con todo y todos contra mí. Aunque nadie me acusaba directamente por este fracaso, yo me exigía y tenía miedo. Hoy sé que el miedo era una reacción normal dentro de aquella situación, ya que somos de carne y hueso. Recuerdo una fábula que mi padre nos contaba cuando éramos niños.

Esta fábula hablaba sobre un joven indio que se acercó a su abuelo para pedirle un consejo, porque *a veces se sentía tomado por la rabia y el miedo.*

El viejo indio lo miró profundamente a los ojos y le dijo:

– Yo también, mi nieto, a veces, siento gran odio de aquellos que cometen injusticias sin sentir ningún arrepentimiento por lo que hicieron. Pero el odio corroe a quien lo siente y nunca hiere al enemigo. Es como tomar veneno y desear que el enemigo muera. También siento miedo en algunas situaciones.

El joven lo miró sorprendido y el abuelo añadió:

– Muchas veces luché contra estos sentimientos. Es como si hubiera dos lobos dentro de mí. Uno de ellos es bueno y no hace daño. Vive en armonía con todos a su alrededor y no se ofende ni entra en pánico. Sólo lucha cuando hay que hacerlo y de la manera correcta.

Pero el otro lobo rebalsa de ira y culpa a todos cuando nada funciona. Ante cosas insignificante es capaz de enfurecerse. Se pelea con todos, todo el tiempo, sin ningún motivo. La ira y el odio que siente son enormes y por eso no mide las consecuencias de sus actos. Es una ira inútil, pues con ella nada cambiará. A veces es difícil convivir con estos dos lobos dentro de mí, pues ambos intentan dominar mi espíritu.

El chico lo miró intensamente a los ojos y le preguntó:

– ¿Y cuál vence?

El abuelo sonrió y respondió bajito:

– El que yo alimento.

Incluso sin sufrir ninguna injusticia, tenía dos lobos dentro de mí y necesitaba saber cuál de ellos alimentar. ¿Cuál iba a vencer esta batalla, el que quiere abandonar todo o el que incentiva? ¿A quién iba a alimentar?

Este "yo inseguro", este "yo con miedo" que era natural que se manifestara, no podía entender cómo el "yo obstinado" conseguía seguir adelante. Era como si se riera de la *big view* del "yo lleno de entusiasmo" que continuaba disciplinadamente caminando hacia adelante.

Otra cosa que yo aprendí día tras día era que todo el mundo necesita motivación y entusiasmo, pero que lo más importante en momentos como ese era tener disciplina. Sabía que lo que me llevaría al siguiente paso era la disciplina. Hoy les digo a las personas que, aunque estén desmotivados, no pueden dejar de caminar. Hay que tener la disciplina necesaria para seguir caminando y hacer lo que hay que hacer.

En el auge del desierto yo no llevaba un centavo a casa y tuve literalmente una gran tentación que quería desviarme del camino. Un grupo empresarial que había nacido grande estaba en una fase de formación de nuevos equipos y me invitaron a ocupar el cargo de director de ventas de la empresa.

El ritmo acelerado de la decadencia de mi empresa no me hizo desistir. La mayoría se preguntaba de dónde sacaba fuerzas y cómo seguía creyendo a pesar de que todos los escenarios eran negativos. Recuerdo claramente el día que me llamaron por teléfono. Era Marcelo Pinheiro, a través de una agencia que hacía la selección del personal para armar un departamento de ventas de esta empresa. Esta empresa me invitaba a ocupar el cargo mostrándome los números del salario que me ofrecía. Nunca había ganado valores así. En ese momento recordé una frase de Steve Jobs que dice: "Enfocarse no significa prestar atención en todas las cosas, aunque parezcan buenas. Enfocarse es prestar atención en lo que estás haciendo, ser determinado y no mirar hacia los costados. Enfocarse es saber decir no". Marcelo sabía que yo tenía competencia y aquello de cierta manera me sirvió como una inyección de entusiasmo, porque si alguien con tanto conocimiento de mercado me estaba invitando a ocupar un cargo tan importante era porque, de hecho, yo tenía algo para ofrecer.

Tener ante mí una oferta como ésta, en un momento en que yo no tenía nada, era algo que se resume en una única palabra: tentador. Pero el amor por la misión y por las personas de Hinode me encadenaba a Hinode. Además, yo tenía fe de que la empresa sería grande y una creencia absurda de que este período iba a pasar, incluso con todas las pistas de que aún nos tomaría un buen tiempo superarlo. Yo sabía cuál era la diferencia entre ser obstinado y ser terco, y sabía que existía una línea tenue entre estas dos palabras y reacciones. Sin embargo, a pesar de que los números no eran los mejores y de no tener ninguna señal racional de que todo iba a mejorar, tenía una creencia absurda y conocía el potencial que tenía lo que yo estaba haciendo. Sabía que había personas excelentes a mi lado y productos de altísima calidad.

Además, tenía la cosa más importante que un hombre tiene que tener en la vida, un motivo para continuar. Mi motivo eran las personas que confiaron en mí. Yo los había arrastrado al desierto conmigo. Sabía que salir del desierto y abandonarlos allí sin un líder, sería como cometer un crimen.

Sabía, sobre todo, que habían sido mis decisiones las que habían llevado a todas aquellas personas a ese momento. También entendía que en un momento de duda y miedo no podía olvidar dos características esenciales y fundamentales que un hombre de éxito debe tener: lealtad y gratitud. Cuando estamos en momentos donde la duda y el temor se hacen presentes, es común que olvidemos estos valores imprescindibles. Estos valores necesitaban ser respetados en este momento.

Eran valores que yo había aprendido con mis padres a lo largo de la vida y en los que me había enfocado con mucha intensidad. Sabía que para alcanzar mis objetivos sería esencial ser leal y agradecido a las personas y a las oportunidades que cambiarían nuestra vida.

Cuando pensaba en Dielza, la persona que le había ofrecido una oportunidad a mi madre y la invitación para que mis padres participaran de una presentación de negocios que cambiaría la vida de ambos, sólo pensaba en gratitud.

Gracias a Dielza mis padres habían conocido la estrategia de ventas directas que había cambiado completamente nuestra vida. Era por eso que yo sabía que siempre le sería grato. La gratitud y la lealtad son más que sentimientos: son decisiones.

En el auge de nuestro Desierto, cuando recibí aquella invitación para trabajar como director de ventas de una compañía que estaba entrando en el mercado, en un momento difícil en el que yo no llevaba un centavo a casa, tuve claro cuál era la decisión correcta. A pesar de haber recibido una propuesta que parecía irrecusable, recordé mi decisión de SER GRATO y LEAL a las personas que me habían ayudado a cambiar de vida y a las que me habían presentado la oportunidad de negocio para esta transformación

Recordaba la promesa que le había hecho a Dielza, la promesa de que yo iba a transformar aquel escenario, no importaba lo que pasara. Ella, la persona que nos ayudó a transformar nuestra vida, no seguiría ganando una comisión equivalente a un salario mínimo. Yo le había prometido que cambiaría ese escenario y que ella alcanzaría ingresos mensuales de por lo menos 10 mil reales durante toda su vida. Era gracias a esa promesa que yo sabía que tenía que honrar mi palabra. Tenía que ejercitar mi lealtad y mi gratitud. No podía "darles la espalda y dejarlos a todos en el desierto".

Hoy, en marzo de 2018, Dielza gana casi 10 veces más de lo que le prometí, y como éste, hay muchos otros ejemplos de que la lealtad y la gratitud marcaron mucho la diferencia.

En el desierto, es necesario encontrar motivos claros para seguir caminando.

Yo tenía mis grandes motivos: en primer lugar mi familia, mi esposa y mis hijos, después decenas de personas y líderes que habían confiado en mí. Además de todo, tenía a mis hermanos. ¿Cómo podría dejar a mis hermanos? Les diría: "Quédense ahí. No se preocupen, los arrastré al desierto pero ahora... Hagan lo siguiente: tú eres farmacéutico, abre una farmacia, tú puedes trabajar de empleado para cualquiera y tú eres abogada...".

Lo más curioso era que siempre creí que las parejas tienen que estar de acuerdo en todo. En todas las decisiones importantes le consultaba a mi esposa, Leila, para saber si ella estaba de acuerdo conmigo antes de dar la respuesta final, creo que eso es fundamental cuando se está casado. Esta transparencia nos acompañaba desde el día que nos conocimos.

Teníamos un vínculo y una complicidad muy fuertes en todo y yo veía que, si estábamos juntos, tenía que ser así. Desde que nos comprometimos, la cuenta bancaria era una sola y sabíamos que lo que era mío era de ella y viceversa. Aunque yo no tuviera nada en ese momento para compartir y que ella estuviera pagando todas nuestras cuentas con el fruto de su trabajo, esta no fue una decisión que tomé junto con ella. Llegué a casa pidiéndole disculpas de no haber conversado con ella antes de tomar una decisión tan importante, aun sabiendo que ella estaría de acuerdo conmigo.

Mi esposa era escribana en el Tercer Registro de Propiedades y Otros, de Osasco, en São Paulo. Cuando le conté que había declinado una propuesta de este tipo, no dudó en concordar inmediatamente con mi decisión. Esto fortalecía mi fe, aunque aparentemente no tuviera resultados o escenarios positivos delante de mí en ese momento.

En esa época, los pedidos simplemente no entraban e Hinode estaba prácticamente parada. Hasta un día que Isabel Bitencourt, que era mi gerente de ventas, me llamó por teléfono mientras yo iba a una presentación del negocio, en Santana, zona norte de São

Paulo. Yo mostraba el plan y nunca dejaba de presentar la oportunidad Hinode, incluso en los momentos más difíciles. A veces iba a un barrio de São Paulo para mostrar el plan de negocios y simplemente no había nadie, ni siquiera la persona que había combinado conmigo. Volvía a casa triste, sin duda, pero con la certeza de que había hecho mi parte, había ido al lugar combinado y dado 100% de mi esfuerzo. Incluso si nadie me esperaba un día, al día siguiente saldría nuevamente a hacer mi parte. Dar todo de mí me hacía estar seguro de que al día siguiente me levantaría e iría a la próxima APN para mostrar un plan más.

– Sandro – me dijo, incluso antes de que yo le dijera hola. – No sabes lo que pasó. ¡Gloria a Dios!

Me entusiasmé y paré el coche para oírla. Yo estaba tan confiado en la victoria que su tono de voz ya me animaba.

– ¿Qué pasa Isabel? ¿Cuál es el motivo de esta felicidad?

– Tenemos un montón de pedidos – fue su respuesta.

Mi corazón se aceleró y abrí una sonrisa de oreja a oreja. Era como la confirmación de que todo iba a salir bien. "¡Lo sabía!", Pensé. Comencé a llorar, de alivio y felicidad.

– ¿Cuántos pedidos?

– ¡Mil pedidos! dijo, entusiasmada.

Colgó y me dirigí al evento emocionado, agradeciéndole a Dios: "¡He sido entendido mi Señor! ¡Gracias!" Me quedé pensando que ese receso sombrío había pasado y que a partir de aquel día correríamos a toda máquina hacia el crecimiento.

Entré en el evento lleno de energía y antes de que pudiera saludar a la gente Isabel me llamó de nuevo. Imaginé que eran más buenas noticias. Su voz, esta vez, no era la misma.

– Sandro...

Yo respiré profundamente:

– Dime Isabel...

– Es que... – suspiró y continuó – fue un error del sistema. No hubo pedidos.

Allí estaba yo, delante de veinte personas que me observaban y yo tenía que decirles que todo iba a salir bien. Era un desafío muy grande.

Durante los días que siguieron yo intentaba aferrarme a mi creencia de que todo funcionaría. Yo tenía un lado espiritual muy fuerte y, por encima de todo, creía que iba a poder conducir a esas personas hacia un nuevo oasis de abundancia y bonanza.

Además de mi lado espiritual, de esa creencia muy fuerte, insistía que para vencer en el desierto necesitaba, sí o sí, una gran meta. Sabía que necesitaba un objetivo. Todo el mundo necesita un objetivo o no caminará a ninguna parte. Sólo se camina cuando hay un objetivo. No importa si no se sabe si el camino es el correcto. En el desierto no hay como saber si el camino es el correcto, pero sabes que estás caminando hacia algún lugar. En tu cabeza, en tu mente, en su corazón, estás caminando hacia algún lugar. Este lugar tiene que ser muy especial. Este lugar tiene que hacer todo valer la pena. No será necesariamente fácil, pero tiene que valer la pena.

Con esto en claro sabía que era necesario alimentar esta ilusión y caminar. Era necesario mirar y decirme a mí mismo: "Estoy caminando hacia mi sueño... No sé si el camino es este, pero estoy caminando hacia mi sueño y hacia mi objetivo". Con esto en la cabeza algo me decía que iba a encontrar el camino correcto y confiaba en esa intuición.

Yo suelo decirle a quien atraviesa un desierto que visualice dónde quiere llegar, cuál es su meta. Crear metas es necesario. Tener metas y algo de mucho valor.

Es necesario tener una meta muy valiosa. Esto hará que te levantes todas las mañanas y tengas un deseo. Tener un gran sueño y una gran meta nos hace levantar todos los días y caminar una milla más. De lo contrario, sucumbimos y morimos.

En el desierto, si te quedas parado, te mueres. El desierto es muy caliente de día y muy frío a la noche. Para vivir en él, necesitas tener un objetivo muy claro, algo muy valioso, una meta muy valiosa. Sea cual sea, si la tienes puedes estar seguro de que vas a tener el éxito que deseas.

Si tu desierto es una enfermedad, imagínate curado. Necesitas tener esa visión. Tienes que imaginarla después. Tienes que tener ese cuadro mental positivo dibujado en tu cabeza y en tu corazón. Tienes que conseguirlo hoy, sentirlo hoy. Es necesario que lo hagas. Y tener una actitud fuera de lo común, una actitud diferente que la del promedio de las personas, superior a la del promedio. Yo siempre digo que el mundo está lleno de personas promedio. No tiene nada de malo estar en el promedio, pero las personas que actúan como el promedio tendrán resultados promedio.

Es necesario vencer al crítico interior, al miedoso interior y mostrarle que puedes tener una actitud por encima del promedio. Todo el mundo puede.

No creo en los elegidos, no creo que Dios nos mire y diga lo siguiente: "Mira, quiero que este tipo tenga éxito o quiero que ese tipo sea un fracasado". No lo creo. Es lo mismo que mirar a mis hijos y elegir uno de ellos. Eso no existe. ¿Por qué unos tienen éxito y otros no? No soy yo el que elijo, depende de ellos, es una elección individual.

Yo sabía, por encima de todo, que todavía creía en lo que mi madre me había dicho años atrás: Nacer pobre no es una elección, morir pobre lo es. Y para no morir pobre no necesariamente tienes que ser rico o millonario, tienes que ser feliz. Para mí, el éxito siempre tuvo mucho más que ver con felicidad que con dinero. En esa época yo conocí a mucha gente con dinero pero infeliz. No quería ser alguien con dinero y vacío.

Durante esta travesía hubo desafíos y en un momento de desesperación, de dolor y duda, necesité oír: "Has acabado con el negocio de la familia". Escuchar esto de personas cercanas fue muy difícil y muy duro. Pero yo sabía, por encima de todo, que no era algo que les salía de adentro y principalmente que aquello no venía de sus corazones. Aunque la escena continuara desastrosa, ninguno de mis hermanos abandonó el barco o pensó tener una profesión en paralelo.

Lo más importante era no quedarse parado. Yo siempre digo lo siguiente: en el desierto puedes hacer cualquier cosa. No importa qué desierto es, puede ser uno profesional o uno personal, no importa, todo el mundo en algún momento de su vida pasará por uno. Aprendí una cosa, que en el desierto puedes hacer lo que quieras. Puedes llorar, puede pelearte con Dios, puede quejarte, puedes hacer cualquier cosa, lo único que no puedes hacer es quedarte parado.

El desierto no es un lugar para quedarse parado. En el desierto tienes que caminar. Un día lo atraviesas por completo. No dudes que así será. Una día el mal momento acaba. Pero cuando se está en el desierto, no se ven sus fronteras.

Y yo realmente no podía ver dónde estaban. Incluso con la creencia absurda de que todo iba a salir bien, tenía miedo y de vez en cuando dudaba. Eso no significa que a veces no me equivocara. Eso no quiere decir que a veces no me sintiera inseguro. Fe, para mí, es qué haces con el miedo, por mas que estés inseguro, por más que sea difícil creer que todo va a salir bien,

Había días que llegaba a Hinode, que era una fábrica muy pequeña, y oía una voz que me decía: "¿Qué estás haciendo aquí? Este negocio se acabó. Has acabado con el negocio de tu familia". Esta voz insistía en hacer que me rindiera. Era una voz que venía de adentro, la de un saboteador, la del crítico interior, de del "yo con miedo". Esa era mi voz.

Como yo siempre había provocado cambios en mi vida, a medida que íbamos caminando por aquel desierto sin fin, donde yo había llevado a la gente con la promesa de que tendríamos algo nuevo, mi mente me traicionaba. La primera vez que sucedió estaba entrando a la fábrica.

– Abandona.

Miré alrededor y no había nadie. Era una voz que hablaba conmigo y quería persuadirme a rendirme.

– Ríndete, Sandro – la voz insistía.

Yo seguía caminando y la voz insistía:

– Casi las doce del mediodía, no vas a encender una máquina, no vas a encender una luz, manda a los empleados a casa, ¿sabes por qué? Porque son más baratos en su casa, gastando su papel higiénico, tomando su café, no el de la empresa. Y ese café y ese papel higiénico te van a hacer falta.

Yo le respondía que eso no iba a ocurrir. Pero luego de la primera vez, obedecí. A las doce ya había mandado a los empleados de vuelta a casa.

La escena se repitió varias veces. Antes del mediodía, les pedía que apagaran las luces, que apagaran todo y que cerraran las operaciones, para se volvieran rápido a sus casas.

Aunque yo quisiera mantenerlos, no tenía cómo hacerlo. Ese era el desierto. Miraba y veía todo igual, no había salida y es humano tener miedo y dudar. Cada día que pasaba, ese "yo con miedo" intentaba hacerme abandonar todo. Yo no abandonaba todo, pero analizaba fríamente qué sería mejor ese día. Y generalmente lo mejor era que los empleados que no tenían qué hacer se fueran a sus casas.

Mi "yo con miedo" quería que abandonara todo. Me dejaba inseguro y lleno de dudas, nos peleábamos todos los días. Yo me peleaba con él y le decía: "No lo acepto, eso no va a ser así". Y era.

Mientras caminaba por la fábrica, percibí que lo que importa no es cuan difícil es, lo que importa es lo que harás con en esa situación tan difícil. Lo que importa es el siguiente paso. Demoré para darle esa respuesta a esa voz, pero un día se la di:

– Está bien, es difícil, no hay agua, hace calor, no tenemos productos, no hay luz, no hay dinero. ¿Y el siguiente paso? ¿Y el siguiente paso?

Con estas indagaciones aprendí. Aprendí mucho en el desierto. Hay una cosa que rescato para mi vida y que fue cuando pude cambiar el rumbo de las cosas: aprendí a hacer lo que está bajo mi control. Yo nunca dejé de hacer lo que estaba bajo mi control, lo que dependía de mí. Comencé a entender que no quería saber si los otros iban a hacer algo.

– No quiero saber si la otra parte va a dar su 100% como yo lo voy a dar. Lo que me interesa es lo siguiente: ¿cuál es mi 100%? – Yo le decía a mi voz.

Yo sabía que los cosméticos de Hinode eran los mejores del mercado, un producto de altísima calidad, pero que muchas personas no vendían, ni mostraban los productos y planes de Hinode porque tenían miedo de recibir un no. Sólo que no entendían que el "sí y el no" no estaban bajo su control.

El poder de persuasión viene con la experiencia, haciendo, haciendo y haciendo. Cuanto más haces más rápido aprendes. No era el poder de persuasión lo que estaba en juego.

Pasé a entender cada vez más que lo que estaba bajo mi control era mostrar el plan de negocios de Hinode. Eso estaba bajo mi control. Nada me impedía hacer eso.

Mi 100% hoy puede ser dar 1, pero mañana puede ser dar 1.1, pasado mañana 1.3, después 1.8, después de 10 años puede ser 5, después de 20 puede ser 10, pero seguirá siendo mi 100%, porque mi 100% está bajo mi control. Era así que dormía y me despertaba, queriendo dar mi 100% en todo.

Cuando oía esa voz le respondía: "No acepto eso, eso no es parte de mi vida, no lo acepto". De esa manera iba viendo que no importa cuán difícil es, lo que importa es el siguiente paso. Yo sabía que los pasos serían dados y que llegaría donde quería. Había una fuerza interna que me movía al lugar donde tendría acceso a todo lo que había prometido a las personas que me rodeaban. Pero, para llegar a ese lugar, necesitaba enfocarme en los pasos que no habían sido dados. Necesitaba seguir mi pasión.

Estaba rodeado de personas extraordinarias y tenía una familia que era mi nutrición espiritual. Había asumido riesgos grandes y por eso le había cambiado la ruta al destino. Entre esas personas extraordinarias había un grupo de empleados que todos los días después del almuerzo se reunía en una sala de reuniones y oraba por todos y por Hinode. Uno de los empleados que formaba parte de ese grupo, Pedro Morgado, hoy es Imperial Diamante de Hinode. En aquella época era auxiliar de oficina con salario compatible con la función. Hoy tiene un ingreso mensual millonario.

Aunque no me imaginara cómo saldría de esa situación en ese momento, todavía esperaba que ese fracaso temporal pudiera conducirme hacia mis sueños.

En los peores días, cuando apagaba las luces y mandaba a los empleados a casa sentía fuego en el estómago. Creía en Hinode e intentaba no concentrarme en lo que había fracasado. Pero no sabía si mi afirmación positiva podría haberse pasado de los límites. Ya había leído que el progreso a menudo se distingue como un problema y que las metas deberían trascender el tiempo, pero era difícil vivir día tras día en aquel caos.

La vida pasaba y yo intentaba remar y guiar la embarcación. Al menos sabía que tenía condiciones para enfrentarme al miedo. Sabía que esa era una de las claves para el éxito, pero necesitaba apoyo. Vivía la vida con propósito, estaba motivado por la inspiración y no por la desesperación y había elegido enfrentarme a todo aquello que me intentaba hacer abandonar.

Era como si mis fuerzas estuvieran siendo probadas. En cada conversación con Dios, entendía un poco de lo que podría estar ocurriendo en aquel período turbulento. Sabía que aguas tranquilas no hacían buenos marineros, pero aún no había entendido que todo esto me serviría de gran aprendizaje. No podía aceptar soluciones de corto plazo o abandonar todo. Necesitaba avanzar.

Una noche, en una de mis conversaciones con Dios, en la oficina, ante una infinidad de cuentas para pagar, empecé a tener algunos *insights*. No necesitaba ser el mejor. Necesitaba ser diferente. Sólo que el precio de ser el primero en hacer algo es conquistar un terreno desconocido. Necesitaba darme la oportunidad de intentarlo. Necesitaba persistir hasta que toda mi energía se hubiera agotado.

Sabía, sobre todo, que la mayoría de las personas exitosas se habían equivocado mucho hasta que sus negocios funcionaran bien. Yo no podía quedarme parado esperando resultados.

La única alternativa que me quedaba en aquel desierto era seguir caminando. Sabía que llegaría a algún lugar. Necesitaba salir de aquel desierto. Era sólo dar el siguiente paso.

EN SU CORAZÓN EL HOMBRE PLANEA SU CAMINO, PERO ES EL SEÑOR EL QUE DETERMINA SUS PASOS.

PROVERBIOS 16:9

Yo sabía que los actos de coraje son necesarios en regeneraciones organizacionales pero tenía algo claro: necesitaba un director administrativo que tuviera los pies sobre la tierra mientras yo intentaba volar.

Arthur Luloian había sido mi profesor de administración en la universidad. Yo lo admiraba y respetaba mucho sus opiniones concisas. En 2008 le envié un e-mail contándole sobre nuestro cambio a marketing multinivel. Recuerdo haber escrito algo como "Arthur, necesito un director administrativo, ¿conoces a alguien para recomendarme?".

Jamás podría imaginar su respuesta. Pronto me escribió diciendo que conocía a algunas personas, pero que él quería ponerse a disposición también. Pensé: "Mi profesor quiere trabajar conmigo, que honor". Jamás tendría esa pretensión. Pero, ya que se estaba ofreciendo, lo invité y vino con el corazón abierto y entusiasmado.

Fue así que Arthur se convirtió, en el desierto, en la voz de la razón. Eso tenía una importancia inconmensurable porque el desierto nos hace responder a la emoción y las emociones estaban a flor de piel en toda Hinode. Es muy importante, especialmente en el desierto, tener a alguien de confianza, alguien con quien hablar, a quien pedirle consejos, alguien que consideres sabio y que admires, pero, sobre todo, que te ayude de forma racional y práctica.

Fue así que Arthur se transformó en la voz de la razón en toda esta historia. Y me ayudó mucho. En mi vida tengo algo así como cajones que uso para poner algunos nombres. Tengo uno que se llama gratitud y es ahí donde guardo el nombre de Arthur.

Él era gestor, profesor con 30 años de carrera en la Fundación Getúlio Vargas. Yo era el tipo que creía, que buscaba vender y ampliar la red de consultores de Hinode, quería transformar. Arthur era el que negociaba con los proveedores, con el banco, con los acreedores, todo con una habilidad fantástica.

Intenté cambiar el plan de marketing de Hinode de diversas maneras en busca de resultados. Es decir, seguimos dando lo máximo de cada uno, pero los desafíos eran cada vez más grandes. Tal vez una de las cosas más difíciles haya sido pedirle a los gerentes que redujeran su salario a la mitad.

A finales de 2010, el día del cumpleaños de mi hermana, incluso con todas las dificultades que atravesábamos, ella decidió hacer una reunión en casa para que lo festejáramos todos juntos.

En un momento dado le pedí a mis socios que firmaran los papeles necesarios para un préstamo bancario. Ya habíamos perdido las cuentas de cuántos préstamos habíamos pedido y la deuda que teníamos era enorme. En un momento de desesperación, mi hermano se volvió hacia mí y por segunda vez, dijo: "Destruiste el negocio de la familia, destruiste todo lo que algún día construimos". Escuchar esas palabras fue la parte más difícil de toda esta historia.

Miré a mi madre y le dije:

– Mira, no tenemos más de dónde sacar dinero, tenemos que hacer algo, y lo único que nos resta por hacer es vender lo que tenemos.

Mi madre me miró de una manera única y me respondió de manera increíble.

– Déjenme contarles algo. Todo lo que tengo, todo lo que tenemos, es gracias a Hinode, todo. Sería extremadamente injusto de mi parte que la única vez que Hinode me pide algo se lo niegue.

Siempre me dio todo sin quejarse, sin decir nada, siempre me dio de todo, entonces, ahora que me necesita, todo lo que tengo se lo devuelvo.

Ya habíamos vendido la casa de mi madre y ella se había ido a vivir a un piso. Mi padre ya se había ido a vivir a la quinta. Vendimos el edificio en São Paulo y vendimos el terreno donde queríamos construir la fábrica de los sueños porque no teníamos más cómo pedir recursos al banco para pagar las cuentas. Yo me quedé con mi casa, Alessandro se quedó con su casita, Crisciane con su piso y Leandro con el suyo.

Lo más importante en ese momento fue que todos percibieron que Hinode era una entidad viva. Era como un hijo. Un año antes, el primer día hábil de 2010, había reunido a todo el mundo en el pasillo de la oficina y les había dicho:

– La situación es muy difícil, pero va a cambiar, estoy seguro de que vamos a dar vuelta las cosas. Pero necesito decirles algo: aprendí dentro de casa que somos seis socios, seis personas, pero Hinode tiene una identidad propia, como si fuera una séptima persona. Hinode es una empresa pero es como si tuviera vida. Y no hay nadie, ni mis hermanos, ni yo, nadie que sea más importante que la Misión de Hinode. Si alguien, si alguno de nosotros obstaculiza la misión de la empresa, será invitado a retirarse, incluso yo. Si algún día interfiero en la misión de la empresa, tomaré mi sombrero y me iré.

En diciembre de 2011, Arthur hizo una reunión en la casa de mi madre, nos mostró los números y dijo:

– Bueno, desgraciadamente, sólo tenemos empresa hasta marzo de 2012. A partir de marzo de 2012, seremos insolventes, no tenemos más de dónde conseguir recursos, no tenemos nada más.

Nuestra deuda tenía una marca asombrosa: era seis veces mayor que nuestra facturación.

Mi madre dio una palmadita en la mesa y todos se callaron.

– No acepto eso. Dios no nos ha traído hasta aquí para terminar de esta forma, algo va a suceder.

Con la fuerza de sus palabras respiré profundamente.

– Dios mío mamá, que bueno que tú crees en nuestra misión. Pensé que ya no creías más. Yo también tengo fe. Mamá, va a suceder algo, estoy seguro de que va a suceder algo – afirmé.

Aunque mi convicción de que algo sucedería todavía era grande, en algunos momentos yo perdía un poco las fuerzas y era en esos momentos que Leila, mi esposa, hacía de todo para animarme. Constantemente me fortalecía en los momentos de duda diciendo:

– Siempre has sido una persona honesta y trabajadora. Siempre has querido el bien de todo el mundo, puede ser que no llegue cuando queremos, pero vas a alcanzar el éxito que tanto buscas.

En esos momentos, cuando yo estaba sin dinero y sin perspectivas, ella arreglaba una manera de reanimarme. Así que, a fin de año, nos fuimos Disney. Leila usó sus ahorros para comprar los pasajes y mis suegros le regalaron el pasaje Ana Vitória y a nuestro sobrino João.

Nos alojamos en un piso barato y preparábamos sándwiches de queso por la mañana que envolvíamos en papel aluminio para que pudiéramos comer durante el día sin necesidad de pagar caro en la calle. Todavía recuerdo el queso todo pegado en el pan que comíamos con tanto gusto, felices por estar pasando momentos en familia.

Cuando regresamos a Brasil tuve una noticia inesperada: descubrimos la traición de un empleado que trabajaba en el departamento financiero. Había desviado de a poco una gran cantidad de dinero. Fue difícil creerlo, principalmente porque se trataba de un hombre que sufría y lloraba con nosotros en el desierto y sabía más que nadie la situación por la que estábamos pasando.

Aunque todo lo había hecho de forma bien planificada, mi madre había percibido que algo extraño estaba sucediendo. Ella acabó percibiendo que el patrón de vida de aquel hombre no era compatible con las ganancias mensuales que tenía. Para mí y en especial para mi hermano Leandro, que trabajaba directamente con este colaborador, fue difícil creer que eso pudiera estar ocurriendo. Revisamos los papeles encontrados varias veces para intentar encontrar algo que dijese que todo era mentira y que eso no estaba sucediendo.

De esa forma sentí el gusto amargo de ser traicionado por alguien de mi confianza. Ser robado durante tu momento de peor crisis no es algo sencillo de enfrentar, pero cuando UNO TOMA DECISIONES CORRECTAS, las cosas siempre funcionan.

Muchos me preguntan cómo conseguí confiar tanto en las personas después de llevar tantas zancadillas consecutivas. Gracias a todo lo que pasé hoy entiendo muy bien cómo perdonar lava el alma. Yo suelo decir que el perdón es acción y declaración.

Si perdono a alguien, estoy diciendo: "Sobre tu vida ya no existe mi condenación. Podemos nunca volver a ser amigos, pero estás perdonado". Soy humano y también siento dolor e ira.

Independiente de que aquello estaba mal, era lo que él podía ofrecer en aquel momento. Como yo y Leila entendíamos mejor la fuerza y presencia de DIOS en nuestra vida, sabíamos muy bien que hay cosas innegociables, así lo predica la Ley de la Siembra.

Tengo plena certeza de una cosa: lo que siembras es lo que cosechas. Más temprano o más tarde la cosecha llegará. Si siembras cosas malas, cosecharás inevitablemente cosas malas.

Cuando tenemos esto bien claro, sabemos que si alguien ha hecho algo muy mal, la vida le pedirá que rinda cuentas algún día. No necesitamos condenar más a aquella persona.

El perdón me liberó y decidí que seguiría amando a la gente, aunque pasara por momentos de mucha ira. No podía llevar dentro de mi pecho una sensación que me haría mal.

Aunque los obstáculos parecían casi infranqueables, cuando yo comenzaba a ver posibilidades de recomenzar, y cuando la llama de la esperanza se encendía, era como si un chorro de agua helada intentara apagarla. Como me iba fortaleciendo, estos obstáculos iban pareciendo pequeñas piedras que quedaban atrás. Cuando decidí perdonar lo ocurrido en la empresa sentí que un peso gigante quedaba atrás y que aumentaba la velocidad y la fuerza en el camino que ahora conseguía ver. Yo sabía que estaba saliendo del desierto, tenía plena convicción de que estaba cerca y no había quien me disuadiera de lo contrario. Sabía que era cuestión de tiempo y, sobre todo, que necesitaba persistir con fe, pasión, fortaleciendo mis creencias y destacándome con una actitud fuera de lo común.

Fue también en enero que las cosas empezaron a cambiar. En ese momento una persona clave entró a mi vida. Claudio Henrique, un amigo especial y líder de Hinode, me presentó a Arnaldo Peixoto, un hombre por quien tengo una gratitud inmensa. Fue durante una llamada de Claudio que supe quién era Arnaldo:

– Sandro, me gustaría que conocieras a una persona, Arnaldo Peixoto. Entiende mucho de marketing multinivel.

Mi confianza en Claudio era extrema, hicimos silencio y continuó:
– Pero está en Fortaleza.

Le pregunté cómo hablar con él y Claudio respondió con firmeza:
– Vamos a arreglárnosla.

Así empezó una saga fantástica en busca de una especie de mentoría de Arnaldo. Claudio conversó con Arnaldo por teléfono y él dijo que esa semana estaría en Taubaté y después volvería por Cumbica, el aeropuerto de São Paulo, en Guarulhos. Allí podría hablar conmigo. Sabía que sería una conversación rápida porque Arnaldo tendría poco tiempo para nuestra charla.

Cuando Claudio me contó sobre esta posibilidad, inmediatamente llamé a Crisciane para que me acompañara, y Claudio resolvió venir con nosotros. Claudio Henrique salió de Río de Janeiro en autobús, ya que en aquella época de crisis no teníamos ni para pagar un pasaje aéreo. Nos encontramos en la Estación de Autobuses Tietê y seguimos por la carretera Marginal hasta Guarulhos.

Fue en el aeropuerto, entre vuelos y conexiones, que conocí a un tipo que despertaría en mí el ideal de volar más lejos. Los pocos minutos combinados se convirtieron en más de tres horas de conversación. Arnaldo casi perdió su vuelo a Fortaleza después de dedicar generosamente su tiempo para ayudarme. Sentía que había encontrado la llave que haría que algunos engranajes empezaran nuevamente a girar.

Aunque no me dio ninguna salida, la conversación y su generosidad habían marcado toda la diferencia para que yo pudiera conectar algunos puntos. En esa conversación entendí algo crucial que después cambió todo. Literalmente entendí qué debíamos hacer. Esa ayuda era aún más sorprendente, porque yo no tenía siquiera cómo pagarle la consultora. En realidad, es en períodos difíciles que generalmente identificamos a las personas que están dispuestas a quedarse a nuestro lado. Si estamos bien atentos, si mantenemos la actitud correcta y se permanecemos enfocados, notamos a las buenas personas y las mejores opciones.

Él me regaló su tiempo y con una conversación todo pareció quedar más claro. Tenía 300 reales que le di a Claudio para al menos pagar el pasaje de regreso a Río de Janeiro. En aquella época todavía vivía en el barrio de Bangu.

Volviendo a casa, conversando con Crisciane, le dije:

– Cris, lo encontramos.

Ella parecía tan entusiasmada como yo y resolvimos reunir a los líderes de la compañía. No todos ellos, como habíamos hecho en 2008, sólo a algunos. Invitamos a Dielza Maria da Silva, Ricardo Nascimento, Marcia Lombardi, Eliene Palma, Danielli Carvalho, Marco Antônio, Josi Almeida, Genisson Carvalho, Jacqueline Palma, Claudio Henrique, Rosana Teixeira, Carla Elaine, Fabio de Jesus, Leonice Colloca y Othelo, todos con muchos años de Hinode. Dielza, por ejemplo, era la persona que había patrocinado a mi madre al inicio, o sea, estaba desde el primer día en la compañía.

Cris, embarazada, y yo dibujamos en un papel qué íbamos a cambiar y llevamos a todo el personal a una quinta en Tatuí, donde hice la presentación del nuevo negocio. Todo el mundo sabía todo, porque transparencia era algo que predicábamos en el negocio. En toda la historia Hinode había sido de esa forma y por eso existía una cierta complicidad entre todos nosotros. Entonces, he aquí que una de las participantes de la reunión, Danielli Carvalho, que hoy es Imperial Two Star de Hinode, se levanta y pide un momento para hablar, incluso antes que yo empezara:

– Sandro, ¿puedo decirte algo?

Todos se quedaron en silencio y respondí que podía, porque en nuestras reuniones, en toda la historia de la compañía transparencia y compañerismo siempre estuvieron en primer lugar.

– Mira, sé que puedo hablar por mí y por mis compañeros. De verdad, no sé qué vas a decir, no me importa qué será, sólo quiero decirte algo, a ti, a Cris, a Doña Adelaida y a Don Francisco: si depende de nosotros Hinode no se acaba.

Recuerdo sentir algo extraordinario estallando dentro del pecho. Era emoción y satisfacción aliadas a una intensa felicidad por estar rodeado de personas que creían en el negocio y creían en mí. Antes de que yo pudiera expresar gratitud por sus palabras, ella prosiguió:

– Si tengo que no volver a Recife, mi ciudad, si tengo que salir de aquí e ir a aquella fábrica a envasar productos, puedes contar conmigo por el resto de mi vida, pero Hinode no se acaba.

Mis ojos se llenaron de lágrimas y empecé a explicar hacia dónde íbamos a llevar a Hinode. Aquel día les presenté lo que anhelaba para Hinode. Cuando terminé, Genisson Carvalho me pidió un momento. Mientras se levantaba, toda nuestra historia pasó delante de mis ojos. Lo había conocido en el baño de un evento en Aracaju, en 2008, donde era camarero. Aquella noche, antes del evento, había ido al baño y, mientras me lavaba las manos vi en en el espejo a un niño matándose para hacerse el nudo de la corbata. Me acerqué y me contó que, además de camarero, era cantante en un restaurante. Ante ese increíble personaje, le pregunté:

– ¿Puedo ayudarte?

– ¿Me vas a hacer el nudo? – me preguntó.

Recuerdo que lo miré a los ojos, sonreí y le respondí:

– No, no voy a hacerte yo el nudo. Te voy a enseñar a hacerlo.

Desde aquella noche en adelante, Genisson y yo nos hicimos buenos amigos y él pasó a trabajar en Hinode, porque yo había visto que aquel muchacho tenía una actitud diferente. Esa misma noche, después del evento, le pregunté a él, que insistía que trabajaría con nosotros:

– ¿Cuánto quieres ganar con Hinode?

Y él dijo:

– Quiero ganar 200 mil reales por mes y voy a conseguirlo.

Abrí una sonrisa y entendí que se trataba de un tipo con la actitud y la creencia que combinaban con el estilo de líder que yo quería incorporar a la empresa. Pero nos conocimos justo cuando estábamos entrando en el desierto. Tenía un Fiat Uno lleno de deudas porque él y su esposa, Jaqueline Palma, no las habían podido pagar. El valor de la deuda que tenía era altísimo, pero yo, incluso estando en aquel momento difícil, no le dije que sería imposible que ese sueño que tenía se cumpliera. Al contrario, le dije que sería difícil pero no imposible. Cuando pidió la palabra en nuestra reunión yo sabía que no diría nada en vano.

– Sandro, déjame contarte algo mi gran amigo, mi gran líder...

Todos estaban ansiosos y con la emoción a flor de piel, porque, por más que desde 2008 yo intentara de todo para mejorar las cosas estábamos todos sin pagar nuestras cuentas.

– Sandro, discúlpame, no veo lo que ves, no puedo, de verdad. Me esfuerzo, pero no puedo ver lo que estás viendo.

Yo sabía que él me veía como el tipo que le enseñaba a hacer el nudo de la corbata y no el que se lo haría. Genisson era uno de los que me veía como líder, como mentor de su vida. Para él, era muy necesario ver lo que yo estaba viendo, porque de lo contrario no podría hacerse el "nudo de la corbata" sin ayuda.

Suspiró y todos se quedaron mudos. Era una fase que vendían productos en el interior de Aracaju y, cuando llegaba la hora del almuerzo, él y su esposa Jaqueline, estacionaban el coche debajo de un árbol, abrían la guantera y sacaban el almuerzo, un paquete de galletas de agua.

Su esfuerzo era fruto de mi visión. Esta frase fue tan fuerte en mi vida que la escribí al principio del libro y la repito aquí. Ese día, él dijo exactamente esto:

– Sandro, no veo lo que estás viendo, me estoy esforzando, sabes cuánto me esfuerzo, pero decidí que no voy a caminar más guiado por lo que yo veo, confiaré ciegamente en lo que tú ves. Escogí confiar en lo que tú ves, no en lo que yo vea o no vea, cuenta conmigo. Muéstranos el camino y la dirección que Jaqueline y yo vamos a recorrerlo con velocidad e intensidad.

Al escuchar esa frase, sabiendo que era ese nivel de responsabilidad que tenía para conducirlo, dejé escapar una lágrima. El impacto emocional fue muy fuerte e intenso.

– Sandro, no veo lo que ves, pero dime hacia adónde debo ir que confiare en lo que tus ojos ven. Dime qué tengo que hacer, si tú lo dices, yo lo haré.

Desde pequeño yo sabía que de alguna manera la gente me seguía. Ejercía un liderazgo natural en la clase de la escuela porque siempre quería hacer las cosas de manera diferente, sólo quería influenciar positivamente a la gente y hacer algo importante por todos. Desde temprano la gente me seguía, los muchachos me seguían, las muchachas me seguían, la escuela me seguía, mis amigos me seguían, en el trabajo la gente me seguía.

Pero oír a Genisson, un tipo que había conocido en el baño de un evento en Aracaju, decir que ponía su vida en mis manos, un tipo que a veces almorzaba galletas de agua agua porque no tenía como comprar algo mejor, era algo muy fuerte. Aquel día, vi que ser líder tenía un precio.

Fue ese día que viví la experiencia del gran giro.

Yo sabía mucho de ventas, de productos, pero había comenzado un negocio emprendedor, con un equipo que no tenía una visión emprendedora, en un país en el que nadie sabía emprender, donde existía una fuerte cultura del empleo fijo y donde la gente no tenía cómo aprender a tener una actitud emprendedora.

Fue entonces cuando empecé a mostrarles qué era tener una actitud emprendedora. Esto para mí es emprender, porque cada vez que haces algo un poco mejor, generas valor. El emprendedorismo es generar valor para la sociedad. Y eso yo no tenía en 2008, cuando entramos en el marketing multinivel. Tenía un equipo de ventas, tenía un equipo de personas que vendía productos, no un equipo con actitud emprendedora.

Yo era emprendedor, mis 40 líderes eran emprendedores, pero sólo nosotros pudimos entender eso para seguir adelante. El secreto del éxito consistía en hacer como Doña Ana Sueli, mi profesora del colegio, hacía con nosotros cuando éramos niños. Mirar a la gente sin importar si son camareros o médicos. Mi profesora del quinto grado escolar miraba a todos los alumnos de la sala y decía:

– Tú puedes ser un mejor estudiante. Tu puedes esforzarte un poco más, puedes sacar mejores notas.

Yo quería que todas las personas se miraran unas a otras como aquella profesora nos observaba, confiando en el potencial infinito e ilimitado que el ser humano tiene cuando cree en algo que lo mueve. Aquel día le dije a todos:

– Decidan. Vamos a decidir ser mejores. Vamos a pagar el precio. El éxito comienza con una decisión, es una cuestión de decisión. ¡El éxito es una decisión!

Después de oír cuánto Danielle confiaba en mí y sabiendo cómo Genisson caminaba a ciegas confiando en mis ojos, sabía que podríamos atravesar el desierto hasta el final y llegar adonde queríamos.

Aquel día, llegué a casa, miré hacia atrás y vi todo el camino que había recorrido. Mirando al cielo agradecí por aún tener fe por más que no viera aún donde podía llegar, por poder hacer que la gente viera aquello que yo veía, aunque sólo en sueños, agradecí cada paso de mi jornada y escribí mi meta en un papel. Esta meta ya no parecía ser un espejismo.

Cuando me di cuenta de que podía salir del desierto, entendí que atravesarlo había sido extremadamente necesario.

EN EL MUNDO TENDRÉIS AFLICCIÓN; PERO CONFIAD, YO HE VENCIDO AL MUNDO.

JUAN 16:33

Si hoy estoy aquí escribiendo este libro, en la mesa de la presidencia de una empresa cuya facturación diaria es diez veces mayor que el número que escribí como meta en un papel una determinada tarde, es porque decidí pagar el precio.

Por eso te digo: tu victoria tendrá el mismo tamaño que tu compromiso, el mismo tamaño del precio que estuviste algún día dispuesto a pagar. Si pagaste un precio alto, tu victoria será alta, puedes apostarlo.

En aquella época, ante un equipo que no pensaba dos veces antes de seguirme, le di una vuelta más a la llave de mi corazón y armé una estrategia de ventas muy fuerte, con capacitaciones que nunca habíamos hecho. La idea era capacitar y desarrollar una actitud emprendedora en todo el mundo que estuviera dentro de la red de consultores Hinode.

Sabía que éramos todos carentes de sistemas que nos apoyasen en el desarrollo profesional y personal, especialmente en Brasil, donde no existía una cultura de apoyo a actitudes emprendedoras.

Éstos serían los sistemas de capacitación. Era nítido que la gente necesitaría estar conectada a un modelo de desarrollo que les enseñara todo esto y principalmente que les enseñara a tener lo que llamo de ACTITUD EMPRENDEDORA.

Estábamos convencidos de que deberíamos hacerles entender lo que era generar valor todos los días. El sistema de entrenamiento que adoptamos era un conjunto de herramientas tangibles e intangibles que poníamos a disposición de los distribuidores para crear una estructura sólida y de largo plazo.

Por lo tanto, comenzamos nuestro Sistema de Entrenamiento a través de un modelo educativo basado puramente en la experiencia de los que ya habían hecho algo, o sea, mucha práctica y poca teoría.

En aquella época, ya sabíamos que el Sistema de Entrenamiento de Hinode se volvería muy eficiente, porque, así como en las grandes universidades, quien enseña tiene experiencia práctica en lo que está enseñando.

Teníamos premisas muy claras. El sistema de entrenamiento en primer lugar debería preservar nuestros valores universales: la familia, el trabajo en equipo, la honestidad, la igualdad, la voluntad de querer ser mejor todos los días, el respeto hacia el otro, la lealtad, la gratitud y estar siempre dispuesto a ayudar.

Enseñamos cómo ser un profesional mejor sólo teniendo la ACTITUD CORRECTA durante el tiempo necesario. Creíamos que el "éxito no resiste el trabajo arduo y duradero". Fue en ese período que entendimos que desistir jamás sería una opción y que deberíamos tener esa filosofía en nuestros principios de trabajo.

Hoy, como presidente de la empresa, digo constantemente que tenemos claro que debemos promover productos todos los días, mostrar el plan de negocios Hinode diariamente y amar a las personas. Todos los días.

Enseñamos a todos a que hagan esto todos los días hasta que salga bien, y todos los que lo hacen, que toman la DECISIÓN de ser MEJORES todos los día, consiguen GRANDES RESULTADOS.

Hacemos todo esto con dos ingredientes fundamentales: aprendiendo de una manera simple a hacer crecer un negocio y a crecer en lo personal también. Si el distribuidor crece económicamente, pero no crece como ser humano, estamos construyendo castillos de arena.

En el Sistema de Entrenamiento de Hinode generamos beneficios claros, como conocimiento a todos los niveles de la compañía, hacer que los distribuidores crezcan tanto económica como personalmente, practicar la humildad para saber dejarnos enseñar, conocer cada momento de la carrera y crear vínculos intangibles (valores) entre los distribuidores y la empresa.

Además, fomentamos la disciplina entre los distribuidores, formamos líderes sólidos, conducimos el negocio de forma que haya compañerismo entre los distribuidores y dedicamos nuestro tiempo para que todos los distribuidores tengan sus metas y sus sueños definidos.

Establecemos planes de trabajo concretos y enseñamos que, mucho más que motivación, el distribuidor Hinode necesita disciplina. No hay resultado sin trabajo arduo. Todo lo que es bueno y duradero toma tiempo y mucha dedicación.

Todos estos conceptos, que parecen simples, estaban lejos de ser fáciles de alcanzar, pues este modelo no existía en nuestra empresa hasta entonces.

Sabíamos mucho de ventas de productos y de relaciones personales. Todas estas actividades formaban parte de nuestra vida, pero estaban sueltas y no existía una cultura de promoción a través de un modelo organizado.

Fue así que, con los consejos del Arnaldo Peixoto, creamos un modelo de franquicias, que le daba capilaridad al negocio, aliado a una distribución de productos sensacional. De esa forma empezamos a construir el Sistema de Entrenamiento Hinode y lanzamos una nueva línea en la que apostaríamos todas nuestras fichas: "Traducciones".

Ya habíamos diseñado el plan, desarrollamos el entrenamiento y decidimos enseñarle a la gente a emprender. Esta fue la gran señal que nos dio Arnaldo Peixoto en la charla que tuvimos en en el aeropuerto.

Juntamos estratégicamente por primera vez y para siempre aquellas que hasta hoy son las principales fuerzas de Hinode:
– Misión Hinode.
– Amor incondicional a las personas.
– Enfoque y respeto total a las personas. Ofrecer todos los días motivos para que las personas formen parte de la familia Hinode, como consultores o consumidores.

- Dividir para multiplicar.
- Productos de altísima calidad para un consumidor cada vez más exigente.
- Distribución a través de nuestras franquicias.
- Sistema de Entrenamiento.

Teníamos en mente que la gente necesitaba entender cuánto esto era bueno porque necesitarían emprender.

"Necesito decirle a la gente que este negocio es muy bueno, porque la gente necesita aprender a emprender, las personas tienen que entender que necesitan ser mejores cada día. Y no se trata de emprender para sólo ganar más dinero, se trata de emprender por querer desarrollarse como persona. Porque todo el mundo que empieza a trabajar en Hinode ya no será más el mismo, puede incluso dejar la empresa un día, pero su mentalidad habrá cambiado completamente, para mejor. El modelo Hinode te cambiará completamente."

De nuevo, el gran cambio para mejor ocurrió el día 1º de junio, pero ahora en 2012. Arnaldo Peixoto había creído tanto en nuestra historia y principalmente en que de hecho construiríamos algo como nunca antes visto en Marketing Multinivel de Brasil, que aceptó trabajar como nuestro vicepresidente de franquicias y la implantación del modelo estaba completamente a su cargo.

En esa época yo tenía en mi despacho una cartel grande que decía: "Rumbo a mi primer millón". Este siempre fue el número que me tocó el corazón.

Cuando finalmente empezamos a enseñar esto a las personas, junté el modelo de franquicias, rediseñé el plan y, junto con todo eso, Dios me envió dos tipos increíbles, que empezaron a formar parte de mi historia: Evandro Viana, que hoy es el mayor Titan de Hinode, y Elton Oshiro, patrocinador de Evandro y hoy Imperial 3 Stars de Hinode.

Elton me llamó, conversamos durante horas por teléfono y me preguntó si iría a Campo Grande, la ciudad donde vivía, los próximos días. Le dije que no, pero que en unos días estaría en un evento en Goiania, que era lo más cerca que llegaría de Campo Grande. Prontamente me dijo que me encontraría allí y llevaría a un amigo.

Yo creía que llegarían al final del evento, pero allí estaban ellos temprano en el fondo del salón. Yo estaba haciendo el evento con la misma energía que tengo hoy, sin nunca bajar la intensidad.

Entregué un premio, que eran dos máquinas de lavar, y Evandro se quedó encantado. Me dijo que había pensado cuando me miraba trabajando: "Lo que me encantó fue toda esa energía para entregar dos lavarropas".

Según él, pasó por su cabeza de inmediato: "O ese tipo está completamente loco o tiene una cosa increíble, porque nunca he visto a nadie con tanta energía para entregar dos lavarropas".

Para mí todos los premios eran importantes y los entregaba con una energía desbordante. La energía que le puse a la entrega de esos dos lavarropas que entregué aquella tarde no tenía nada que envidiarle a la engría que le puse al Lamborghin que le entregué a Evandro años más tarde, ni una pisca menos. Hoy sé que el verdadero valor no está en las cosas, sino en las acciones y principalmente en las personas.

Lo que Elton y el Evandro hicieron por mí aquella tarde fue el toque que faltaba para cerrar el negocio. Trajeron jovialidad, experiencia de una empresa estadounidense de marketing multinivel enfocada en el mérito y el reconocimiento.

El año del gran giro fue espectacular y yo apostaba todas mis fichas en que tendríamos éxito. Miraba todos los días el cartel en mi habitación que decía: "Rumbo a mi primer millón". Era un proyecto osado, ya que nunca había llegado a esa suma en mi historia. Para que la fábrica fuera autosostenible necesitaba, como mínimo, 300 mil reales al mes.

El dinero que entraba en Hinode, cuando estábamos en el desierto, apenas daba para pagar alquiler y los sueldos, no sobraba casi nada para productos.

Fue en agosto de 2012, mes en que Evandro y Elton comenzaron, que el cartel se volvió realidad. Era como un sueño hecho realidad. Como si, caminando en el desierto durante días y noches, con hambre y frío, finalmente encontráramos un oasis.

La sensación fue fantástica. Teníamos una campana que tocábamos cada vez que Arnaldo vendía una franquicia y cuando llegamos al millón, Arthur, que había sido mi profesor y había vivido los momentos difíciles a nuestro lado, firmemente creyendo que superaríamos aquella fase, tocó la campana con tanta fuerza que la arrancó de la pared.

Hoy sé cuan importante es valorar quién estuvo a nuestro lado cuando pasamos por momentos difíciles. Personas que no nos abandonaron, incluso con todas las posibilidades limitadas que se vislumbraban en nuestro horizonte. Arthur y yo nos abrazamos y empezamos a llorar. Recordábamos las predicciones, del miedo y de la fe. Recordábamos, sobre todo, de cuánto habíamos creído, a pesar de que todas las posibilidades parecieran agotarse.

Me senté delante de la computadora y escribí un correo electrónico mientras las lágrimas todavía me corrían por las mejillas:

> *"Buenos días amigos y grandes líderes.*
> *Como preveíamos, el viernes fue realmente un día histórico. Conseguimos (en fin) superar la marca de un millón de reales en ventas.*
> *Alcanzamos en el mes de agosto la suma de R$ 1.003.275,42.*
> *¡VIVA! ¡UHUUUHUUUU!!!!*
> *Muchas gracias por el empeño y la dedicación de todos ustedes. Sepan que sólo gracias a la fuerza y la fe que todos tuvimos y tenemos fue posible alcanzar esta marca.*
> *Estamos todos muy felices. Ustedes son especiales.*
> *Ahora todo es más fácil, y las próximas metas se alcanzarán mucho más rápido.*
> *Ahora vamos a buscar la próxima marca: 2 millones.*
> *¡ESTAMOS LLEGANDO!*
> *También quiero agradecer especialmente a todas las personas que trabajan en los bastidores para que nuestra red pueda brillar.*
> *Gracias a todo el equipo de la fábrica, de logística, de administración y de CD, ¡sin ustedes esto no sería posible!!*

> *Gracias a Adelaida y Francisco, ¡porque ustedes un día se atrevieron a soñar con algo mejor y gracias a ello hoy estamos aquí!*
> *Vamos a celebrar bastante y durante los festejos vamos ya a pensar en las estrategias para la próxima meta.*
> *¡Abrazos y mucho éxito a todos!*
> *¡QUE DIOS los bendiga!"*

Esperamos exactamente 23 años y 10 meses para alcanzar esta marca histórica. Habían sido casi 24 años de dedicación, fe, actitud siempre positiva y mucha resiliencia, características que le hacen mucha falta a la mayoría de las personas.

Percibo cada vez más personas que desisten de sus sueños no porque les falte el talento, no porque no quieran trabajar, sino porque no son resilientes durante el tiempo que sea necesario.

La mayoría quiere un resultado espectacular y por encima de la media en un plazo corto de tiempo. He visto varios casos en Hinode, en que las personas se rindieron porque no alcanzaron la calificación de Diamante en 6 meses. Cuando veo esto, me pregunto: "¿Cómo puede ser? Esperé y trabajé incansablemente durante casi 24 años para 'alcanzar nuestro Diamante'".

No hay éxito sin mucho tiempo de dedicación. ¿Cuánto es ese tiempo? Lo necesario para alcanzarlo. Hasta que no llegues no debes parar. ¡Sé resiliente, tus sueños lo merecen!

Hoy, Hinode factura alrededor de 10 veces más que eso por día. Hemos tenido un crecimiento superior al 30.000% en cinco años. Ni en mis mejores sueños imaginaba que algún día eso sería posible.

Nuestra planificación conservadora decía que en 2018 nuestra facturación sería de 5 millones de reales al mes. Así, sé que mis elecciones determinaron mi éxito. Elegí hacer lo correcto.

Siempre le digo a mis hijos que la vida los colocará ante innumerables situaciones. Va a presentarte algunas cosas que seguramente no son buenas. En ese momento, recuerda una cosa: tú tienes siempre otra opción, siempre puedes decir no.

Sé también que no quiero nunca perder la humildad por culpa del éxito. Porque para mí lo más importante que tiene este negocio son las personas. Me encanta la gente, estoy enamorado de la gente, voy a mis eventos para 40 mil personas y me encanta estar con ellas. Me encanta estar con la familia Hinode. Eso me mueve.

Si estás leyendo este libro sé que tienes un gran sueño, y eso te mueve, cree en él. A los miembros de la familia Hinode que llegan a mí con un sueño les digo: "Si me cuentas tu sueño, ese sueño pasará a ser mío, voy a trabajar incansablemente para que lo realices".

¿Y sobre el desierto que atravesé? Creo que en la vida hay muchas más derrotas que victorias. Es así. La victoria cuando viene es muy valiosa y tiene un sabor que supera todo lo que has pasado.

Si estás en el desierto, tienes que pagar el precio.

La historia de Hinode no es sólo una historia de superaciones, crecimiento y éxito. Enseña cómo una empresa puede ser construida con un mirar hacia lo humano, y puede ser fruto de una llama ardiente que vibra en el corazón de las personas. Muestra también que es posible mantener los valores sin sacrificar la familia, el respeto y la fe.

Sé obstinado. Paga el precio. Atraviesa el desierto con fe e incluso con miedo. Camina. Te aseguro que vas a vencer.

ENTONCES LOS HOMBRES COMENTARÁN: "DE HECHO, LOS JUSTOS TIENEN SU **RECOMPENSA**; CON CERTEZA HAY UN DIOS QUE HACE JUSTICIA EN LA TIERRA".

SALMOS 58:11

LOS TRES PILARES DEL MARKETING MULTINIVEL

Existen tres pilares fundamentales en una empresa de marketing multinivel. El primero de ellos es un buen plan. Un plan justo y compensador que remunere de forma eficiente y pague mucho a muchos. No sirve pagar mucho para unos pocos.

Siempre digo que el plan de marketing y recompensa son fundamentales. Pero lo que sucede en este mercado es que el 80% de las personas sólo analizan el plan. Unos pasan toda la vida como ratones en una jaula, corriendo en una ruedita sin ir a ningún lugar. Estos miran la empresa que paga más, después la otra y así sucesivamente, mirando sólo un aspecto de la empresa.

El segundo pilar es un producto de consumo. Comencé esta empresa con mi madre, subiendo y bajando en los autobuses con bolsas en la mano para vender productos. Por eso, creo que la empresa multinivel funciona cuando existen productos de consumo recurrente para una cartera de clientes.

Yo creo en productos, algo que funciona, como lo prueba mi historia, pero una empresa de marketing multinivel también puede ofrecer servicios recurrentes.

Cerca del 90% de las personas se fijan en el primer pilar y sólo el 5% en el segundo. El 95% de las personas se fija en el plan y en el producto.

Pero el más importante de todos los pilares, tan importante que lo considero EL PILAR que sostiene toda la estructura, pero que solo el 5% de las personas tienen la capacidad de entenderlo, es el tercer pilar: la gente.

Yo suelo decir lo siguiente: ¿cuál es la gran diferencia entre Hinode y cualquier otra empresa del mercado hoy? ¿Por qué Hinode inspira la confianza de miles y miles de personas? Porque si hoy un multimillonario se despierta con la idea de montar una empresa de marketing multinivel, él podrá hacerlo. Podrá construir una empresa basada sólo en dos pilares. Podrá agarrar todo su dinero, contratar a los mejores expertos del mercado para diseñar un buen plan y comprar la mejor fábrica del mundo.

Sólo que ni todo el dinero del mundo puede comprar una historia. El dinero no compra kilómetros caminados.

Y cuando invito a las personas a que formen parte de Hinode, tengo total conciencia de qué significa un proyecto de vida. No puedo vender lo que no creo.

Cuando invitas a alguien a participar del negocio, esta persona sabe que la empresa es muy buena, tiene 30 años de mercado, pero a menudo no conoce bien a Hinode. ¿Por qué entra?

Porque existe un punto de credibilidad, ese punto eres tú. El punto de la credibilidad a la hora de mostrar el plan es la persona que lo está mostrando. Tenemos total conciencia de lo que significa tener un proyecto de vida; significa construir algo a largo plazo.

El tercer pilar, que sólo el 5% de las personas nota, y es exactamente el 5% de los líderes que han tenido éxito en la historia de las empresas multinivel de todo el mundo, es aquel en el que todos están conectados fuertemente por una empresa. Las personas que ven el tercer pilar no van a saltar de rama en rama.

Creo totalmente en cada palabra escrita en este libro. No creo en un 99%, creo en el 100%. En el 100% y, cuando hablo de proyecto de vida, sé que no significa sólo personas de tu entorno íntimo. El proyecto de vida involucra a todas las personas que vas a influenciar desde ahora hasta el día que Dios te llame.

Cuando hablas en confiar tu proyecto de vida a una oportunidad, necesitas saber quiénes son las personas que están detrás de todo esto. ¿Son personas con los mismos valores que los tuyos?

Ésta es la diferencia de Hinode. Somos verdaderamente estas personas. Por lo tanto, el tercer pilar está constituido por personas, y tú tal vez te preguntes a quién debes aliarte. Esto es fundamental y la mayoría de la gente no lo ve.

Ganar dinero es mérito de quien está desarrollando un negocio e Hinode es una gran oportunidad que facilita tu trabajo, pero no es sólo eso. El que gana más dinero en este negocio es aquel que no lo hace por el dinero, es aquel que sabe qué el dinero es importante, pero no es el dinero lo que lo mueve.

Estas son las personas que tienen éxito. No sirve para buscar la empresa que paga más o aquella que puede dar el mejor premio.

Hoy miro a todos aquellos que forman parte de Hinode, no importa el momento de la carrera en que esté, si está orando para que el cliente pague al contado para que pueda pagar el alquiler, o si ya es un diamante, y les digo: "ya hemos vivido lo que has vivido".

No ganamos dinero con la construcción civil. Estamos formados por la decisión de una costurera y de un tornero mecánico que decidieron aprender a vender productos y construir equipo de ventas.

Sólo el 5% de las personas que trabajan en empresas de multinivel alcanzan el éxito pleno. ¿Dónde esta persona ve y coloca su pasión, su fe y su actitud?

Las personas que se involucran con Hinode tienen plena claridad de lo que significa la misión Hinode. En este negocio, para tener éxito, es necesario aprender a promover productos, mostrar el plan de negocios y, sobre todo, amar a la gente.

Tienes que amar a las personas. Amar a la gente significa cuidar a cada persona que está delante de ti. Este es el camino para ser un líder exitoso, porque un verdadero líder reconoce que todas las personas son especiales y ama a la gente. Jesús era un verdadero líder y dijo exactamente esto: "Amarás al prójimo como a ti mismo. No hay mandamiento mayor que éste".

Todo se resume a eso, eso es liderazgo, y bajo mi punto de vista ese es el gran pilar de cómo se forma una empresa de marketing multinivel. Nadie será feliz al 80%. Nadie va a ser feliz al 95%.
¡La felicidad es plenitud y necesitas ser pleno, 100% feliz!

PASIÓN, CREENCIA Y ACTITUD. TRES PALABRAS QUE DEFINEN MI VIDA

CUANDO PASES POR AGUAS PROFUNDAS, YO ESTARÉ CONTIGO. CUANDO PASES POR RÍOS DE DIFICULTAD, NO TE AHOGARÁS. CUANDO PASES POR EL FUEGO DE LA OPRESIÓN, NO TE QUEMARÁS; LAS LLAMAS NO TE CONSUMIRÁN.

ISAÍAS 43:2

PASIÓN

Estábamos en diciembre de 2017 y el evento comenzaría exactamente a las nueve de la mañana, pero yo ya había tenido noticias alentadoras. Desde la noche anterior había personas acampadas aguardando la apertura de las puertas que darían acceso a la Primera Convención Internacional de Hinode.

El público esperado era de 40 mil personas. Personas que habían recorrido kilómetros en coche, de todas las ciudades de Brasil. Muchas también venían de países como Perú y Colombia, donde ya habíamos comenzado nuestra expansión internacional. Todos estaban allí, depositando toda su esperanza en el futuro que yo, mis padres y hermanos teníamos para ofrecer.

Yo sabía, por encima de todo, que no podía jugar con la esperanza de la gente. En una época en que Brasil vivía un momento económico turbulento y en que todos los escenarios apuntaban a un aumento en el número de desempleados, era en la promesa de una vida mejor que la gente se apoyaba cuando ponían su confianza en Hinode, y yo sabía que necesitaba honrar esta expectativa.

Sabía que jamás podría jugar con sueños, sobre todo los sueños de otras personas.

Justo yo, que sabía que nada que era bueno y duradero era fácil, me conmovía profundamente con la determinación de cada uno de aquellos que habían llegado hasta allí. La convención para 40 mil personas era la materialización de una visión. La realización de un sueño grande que un día había tenido, cuando sólo decía que Hinode sería una gran empresa.

– ¿Cuánto? – preguntaban aquellos que eran guiados por lo que yo visualizaba.

– Gigante – yo decía, como si pudiera ver algo que mi imaginación podía crear.

Sólo que yo estaba allí, viviendo aquel momento lleno de intensidad en el que aquella visualización se concretaba. Dicen que existe algo llamado profecía autorrealizable. Es cuando creemos en algo con tanta pasión que inevitablemente sucede, porque acabamos poniendo toda nuestra energía en nuestras acciones.

Yo no conocía este término cuando comencé a poner pasión en las cosas que hacía. Por cierto, yo sólo sabía que cuando estaba movido por la pasión, conseguía cosas increíbles.

Aquel día del evento, cuando aterricé el helicóptero, presencié el futuro soñado haciéndose presente, entendí el significado de la palabra "regalo". Era como si la vida me hubiera hecho un regalo de tamaño de mi fe.

Mientras veía aquel sueño vivo delante de mis ojos llenos de lágrimas, pasaba por mi cabeza, como si fuera una película, todo el camino que habíamos recorrido hasta allí. Me acordaba de aquel joven muchacho que había empezado en el garaje de casa envasando productos, de aquella costurera que tejía sueños y resolvió en un acto de coraje vender sus máquinas de coser para dar vida a un propósito, de aquel tornero mecánico que había apostado todas sus fichas en una visión. Me enorgullecía de quién había sido y de cómo me había convertido en la persona que era. Recordar mis orígenes hacía que yo honrara mi pasado y cada segundo de dificultad que eventualmente hubiera enfrentado.

Era a través de aquella prueba que sentía que cada kilómetro extra caminado había tenido sentido, porque ése era el camino que necesitaba recorrer. Aquel era mi camino y había conseguido crear el camino que quería para obtener los resultados que deseaba.

Recuerdo, sobre todo, los numerosos obstáculos que habíamos enfrentado juntos y todas las barreras que parecían infranqueables, cuando se presentaban, y pensaba en cómo las grandes realizaciones eran siempre fruto de grandes sacrificios.

Antes de salir del helicóptero, observé como las personas que estaban allí me miraban. Muchas de ellas habían pasado noches sin dormir en la carretera, habían ahorrado dinero para compartir la visión de futuro que teníamos. Aquellas personas estaban saliendo de algún lugar. Tal vez estaban atravesando o saliendo de sus desiertos, tal vez estuvieran en busca de agua fresca para tener una vida más justa. Eran personas que exhalaban confianza y estaban decididas a buscar lo mejor para sus familias. Personas movidas por un "porqué" nunca preguntan "cómo" llegar donde quieren. Simplemente pagan el precio y siguen adelante, como si no hubiera ninguna posibilidad de volver atrás.

Cruzan el puente y luego lo queman, como Doña Adelaida lo hizo cuando decidió creer que había un sol naciente en su horizonte. Cada célula de mi cuerpo estaba energizada, como si el entusiasmo que corría en mis venas pudiera ser contagioso. Sabía que, de alguna manera, la pasión que movía a mis padres y a mí había sido el resorte propulsor para que aquel día fuera posible. Y era de pasión que íbamos a incendiar aquellos corazones que estaban carentes de cambio y repletos de expectativa y esperanza.

El hilo de la memoria inevitablemente hizo que recordara mi punto de partida. Suspiré. Me había apoyado con confianza en mí mismo e instigado con la iniciativa de crear un plan en acción. Pero antes de llegar a la acción había pasado por un largo proceso que me permitió aprender mucho. Sabía, desde siempre, que no necesitábamos palabras, necesitábamos actos. Si mis palabras y mis acciones no estuvieran en armonía, habría contratiempos inevitables.

Al subir al escenario para hablar con toda esta gente dejaba que el entusiasmo se apoderara de mi cuerpo y que la pasión brotara de mi voz. Sentía que mi mente vibraba con intensidad y todo lo que necesitaba era que cada uno que se cruzara en mi camino pudiera sentir exactamente lo que yo sentía, una pasión inagotable por la vida que me movía siempre hacia el progreso.

Observé una vez más dónde estaba y pensé qué decirle para cada una de estas personas. Ciertamente, mi consejo más útil y sensato sería que jamás se olvidaran cómo habían comenzado. Ese gran comienzo es el puntapié inicial de todo. Aunque el presente siempre traía más alegrías, la gratitud por el pasado era lo que alimentaba y nutría el alma con el combustible que se necesita para seguir adelante.

Nunca me olvidé del día que empecé, porque fue ese día que esas ganas infinitas brotaron dentro de mí. Esa gran voluntad siempre aparece al comienzo del camino.

Estar ante aquellas personas con una energía contagiosa hacía que tuviera la certeza de haber recorrido el camino de manera correcta.

De hecho, sabía que había sido un trabajo arduo ofrecer a cada uno de ellos el terreno ideal para sembrar sus sueños y crear una atmósfera y un ambiente propicio para que cada uno de ellos, llenos de coraje, pudiera prosperar.

Yo veía a hombres y mujeres con foco, determinación y entusiasmo. Personas que no habían desisto de lo que querían y no aceptaban un no como respuesta. Eran como soldados listos para enfrentar una batalla y la batalla era la vida, con sus dificultades diarias y sus innumerables percances. Pero los soldados entraron al campo de batalla con garra, sabiendo que iban a vencer.

Ya había leído muchos autores que hablaban sobre la eficacia del poder del pensamiento y del deseo ardiente. Sabía que cuando una persona entraba en escena con un estado de certeza absoluta, era como si un séquito de ángeles la acompañara. Era así por lo menos que sucede en las grandes batallas: los soldados que van mentalmente preparados siempre tienen un mejor desempeñoque aquellos que entran sólo físicamente. Es así que sucede con los grandes atletas: los que conquistan medallas tienen entrenadores que los hacen visualizar la victoria. Es esa la imagen mental que los hace tener la fuerza de voluntad necesaria para conquistar aquello que están listos para obtener.

En todo momento, yo sabía que desarrollar la mentalidad de las personas, para que pudieran caminar con sus propias piernas y llevar a sus casas ese brillo en la mirada, era el alma de nuestro negocio. Hinode era una familia y, como toda familia, involucra amor, un corazón que late con fuerza y resistencia.

Sabía que Hinode vendía productos de altísima calidad, esa era la base de nuestro negocio, y pisar un escenario para hablarle a 40 mil personas simultáneamente era un punto esencial en esta lección porque yo necesitaba insistir hasta tener la certeza de que todos comprendieran perfectamente el principio de nuestro negocio.

Participaba en grandes convenciones y eventos, estaba acostumbrado a hacerlo, y cada vez que subía al escenario le agradecía a Dios. Él, de hecho, me ha dado mucho. Me ha entregado mucho más de lo que imaginaba recibir.

Entendí que si sabía abrir los brazos para recibir, su energía nunca se acabaría. Eso me traía la certeza de que podía ir más allá. Estar rodeado de gente siempre ha sido algo mágico para mí. El día en que me fui a vivir solo, cuando era joven, percibí que lo que me gustaba era estar rodeado de gente. Desde pequeño me había acostumbrado a vivir con una familia numerosa que, además, acogía a otros familiares. Eso me dio principios sólidos de que compartir es la mejor forma de comulgar con Dios.

Sabía que a medida que compartía lo que me movía, era como si mi entusiasmo fuera retroalimentado y consiguiera, además de despertar esperanza en los demás, crear un círculo de protección que me daba más fuerzas para seguir adelante. Era un campo de energía que me movía. Era la pasión que lanzaba llamas potentes que incendiaban los corazones de quienes me escuchaban.

Siempre he tenido la facilidad de hacer que las personas se contagien del entusiasmo de mi espíritu. Recuerdo como si fuera ayer la sensación que me invadió cuando les pedí a los amigos de la calle que me ayudaran con aquel nuevo trabajo casi artesanal que hacíamos cuando empezamos. Todos ellos tenían objetivos claros: querían jugar a la pelota, correr en la calle, remontar una cometa. Sin embargo, por algún motivo que solo hoy veo, dejaron de hacer lo que estaban haciendo para ayudarme a contribuir con la construcción de mi sueño.

Hoy creo que uno de los factores primordiales para quien quiere tener éxito es la capacidad de transferir emociones con la voz. Un vendedor, por ejemplo, puede demostrar un producto sin mucho éxito con frialdad, hablando sobre los aspectos técnicos y visibles de aquel producto. Pero un buen vendedor sabe expresarse. Quien puede dirigirse al otro con emoción tiene acceso a su corazón y puede vender un lápiz labial, un sueño, un perfume o una visión. Un presente o un futuro.

Tal vez yo fuera desde siempre: un vendedor de sueños. Vender sueños era lo que me movía, pero yo sabía que jamás podría vender cualquier cosa que no pudiera entregar. Cuando estaba allí, distribuyendo premios para un equipo o contando los maravillosos logros de la empresa que estábamos construyendo, entendíamos la más perfecta definición de éxito. El éxito era poder compartir una visión y hacer que las personas la visualizaran. Que esta visión los guiara a través de ella misma para obtener los resultados que deseaban para sus vidas.

Tal vez te estés preguntando si sabes qué resultados deseas para su vida. Te aseguro que esta es una pregunta genuina, porque sólo conseguimos caminar hacia algún lugar cuando sabemos a dónde queremos llegar.

Desde pequeño siempre supe a dónde quería llegar. Era un niño decidido a sacar las mejores notas. Ese era el resultado que buscaba alcanzar y hacía lo posible para lograrlo. Mi acción traía, inevitablemente, el resultado ambicionado. No bastaba querer y que me gustara la materia. Necesitaba poner la cabeza en los estudios.

Esa obstinación es perseguir tus objetivos como si no hubiera nada que te impidiera llegar a ellos. Siempre digo que, aunque existan competidores a tu lado, no es deseando que se debiliten a mitad del camino que garantizarás tu victoria. Tu victoria debe ser mérito exclusivamente tuyo. De tu entrenamiento, de tu pasión, de tu energía y de tus ganas de hacer que aquello que ambicionas sea tuyo. Yo siempre se lo he dicho a mis hijos. Esfuércense al máximo, den lo mejor de ustedes, porque con certeza la victoria y la recompensa un día llegarán. Ni yo, ni ellos tenemos un coeficiente intelectual por encima del promedio, somos personas normales. Lo que tenemos más que el promedio son GANAS DE VENCER Y PASIÓN POR LO QUE DESEAMOS. Con esto conseguí contribuir para que mis hijos aprendieran que solamente el esfuerzo trae resultado y que, haciendo de esta forma y siendo personas normales, lograrían tener un desempeño por encima del promedio en los estudios. Así consiguieron entrar a las principales facultades de Brasil y del exterior, y se están preparando para ser profesionales aún mejores de lo que yo soy. Este es mi legado, ayudar a las personas a ser mejores.

TU ÉXITO NO DEPENDE DEL FRACASO DE NADIE
Una de mis frases favoritas es: "Mi éxito no depende del fracaso de nadie". Siempre supe que no necesitaba que nadie fracasara para que yo tuviera éxito.

La vida siempre me mostró que lo que vale no es llegar primero. Lo que vale es llegar. Lo mágico de la vida es llegar. Atravesar la línea de llegada y mirar hacia atrás valorando cada gota de sudor es algo que te transforma de todas las maneras posibles, porque entiendes y valoras cada segundo demorado en el recorrido, y agradeces. Eres capaz de tener empatía por aquellos que todavía están en la línea de partida y quieren llegar donde tu has llegado.

Cuando subo al escenario para hablar con la familia Hinode hago lo posible para transmitir lo que me ayudó a llegar a donde estoy hoy, porque no hay cómo quemar etapas en la vida. A veces la subida es empinada y dolorida. El desierto es seco. La vida no te facilita las cosas. Entonces, ¿qué hacer en los momentos en que piensas abandonar? En aquellas horas en que la fe necesaria para dar un paso más parece faltar.

SÉ APASIONADO
Todos pasamos por un desierto. Algunos por desiertos más largos, otros por desiertos más cortos. En mi caso, atravesar el desierto me tomó 1.460 días. Durante esos cuatro años caminando incansablemente, no hubo un día en que me quedara sin aprender algo valioso. Aunque en algunos momentos no pudiera ver el final de la línea, mi fe nunca se sacudió. Tenía una certeza absoluta de que todo iba a salir bien.

Eso no quiere decir que no tuviera miedo o dudara. Al contrario. Fui inseguro, me equivoqué y tuve miedo cuando pasé por momentos de desesperación. Sólo que sabía que la fe era hacer y persistir, a pesar del miedo. Incluso inseguro, incluso sin creerlo. Aprendí desde muy temprano una táctica para actuar cuando siento miedo.

Siempre que estoy en una situación en la que tengo algún tipo de miedo y en que sé que el resultado será extremadamente positivo, pero que para alcanzarlo es necesario que me ponga realmente en acción, pienso: "Si no sintiera este miedo ¿qué haría?". Así creo una imagen mental donde me veo haciendo lo que tengo que hacer. Con eso junto fuerzas y lo hago.

Les cuento esto porque, con más de 35 años de ventas directas y formación de equipo de ventas, he visto a muchas personas abandonar sus sueños y sus metas por culpa del miedo, especialmente el miedo a oír un NO. Muchas personas se quedan paralizadas, no muestran el plan o no ofrecen productos porque sienten miedo de recibir un NO. Cuando alguien me pregunta qué tiene que hacer para vencer este miedo yo le cuento mi táctica y le digo: ahora ve y haz lo que tienes que hacer, muestra el plan y ofrece los productos

Después de haber atravesado ese período de desafíos, las cosas que antes parecían oscuras quedaron muy claras para mí. Comencé a entender qué me había movido hasta allí y percibí que lo que me había movido no era el dinero. El dinero nunca fue un objetivo para mí.

Mi éxito fue fundamentalmente construido con pasión.

En el desierto entendí que el dinero no es sinónimo de éxito. El dinero es eventualmente la consecuencia de tener éxito. El éxito, en mi opinión, es mucho más que eso. Dinero es la consecuencia de un trabajo bien hecho, de dedicación incansable, de entrega, de oportunidades correctas.

Imagínate que tienes una escalera y necesitas apoyarla en algún lugar para poder subir. Esta escalera es la escalera del éxito y tienes que apoyarla en una pared. Esta pared es una oportunidad. Si no la apoyas en una pared sólida, en una oportunidad muy sólida, no sirve tener la escalera más alta, te caerás porque la pared no la soportará. Siempre quise que Hinode fuera esta pared sólida. Hinode es una pared muy sólida, donde todo el mundo encuentra una estructura fuerte para apoyar su escalera. Estoy seguro de que todo el mundo que apoye su escalera en Hinode, que pague el precio y que trabaje muy duro, conseguirá transformar su vida.

Muchos de los que naufragaron podrían haberse salvado si hubieran reconocido paredes sólidas por el camino. Por eso, evalúa bien. Estoy muy agradecido a DIOS por haber permitido que mi familia y yo construyéramos una pared sólida llamada HINODE.

Hoy estoy seguro de que mi entusiasmo no fue accidental. Yo nunca fui un tipo frío y sin vida. Siempre he estado enamorado de Hinode. La pasión me movió desde el día en que embarqué en el sueño de mis padres. La pasión fue el combustible que me aceleró cada vez que pensé en parar, cada vez que me faltó un motor que me hiciera seguir adelante. Esa pasión que llevo en el corazón es la que me hizo seguir caminando rumbo a la conquista de mi sueños. Fue el impulso que me llevó a poner en acción mis conocimientos y aprendizajes.

Hoy entiendo cómo todavía me fortalece cuando veo el nivel de responsabilidad que tengo con cada una de las personas que forman parte de la familia Hinode. Todavía aporto todo lo que tengo, así como lo hacía cuando trabajaba en la primera fábrica con media docena de funcionarios.

Nunca entregué menos que el 100%. Saber que lo que controlas es lo que puedes entregar hace que te dediques al máximo para entregarle lo mejor al otro y a lo que él hace. Cuando estás enamorado mueves montañas por la persona amada, es ese tipo de energía que tienes que poner en la vida que quieres construir, para que todo te sea posible. La entrega está directamente relacionada con la fe. Sólo entregas cuando tienes fe de que algo te ampara, incluso cuando no sabes cómo conseguir lo que deseas.

Es más o menos como aquella metáfora de la carretera con mucha neblina. Incluso iluminando con las luces del coche no puedes ver la carretera entera, pero sabes que está allí y sigues adelante. Aunque no veas la carretera sabes que el coche se desliza sobre ella.

No siempre podemos visualizar el futuro. A veces parece oscuro y aparentemente no hay horizonte posible. Pero ¿cómo saber cuál es el destino exacto, si no persistimos? En esta situación, parar en medio de la carretera y esperar socorro es un acto suicida, porque, en lugar de pedir socorro pondrás tu vida en riesgo.

La cuestión es que siempre tenemos elección y tener elección es saber qué riesgo prefieres correr.

Hacer las cosas con intensidad y pasión hace que tengas una inquietud que no deja que te quedes parado esperando resultados. Buscas los resultados y eres movido por una sensación que te hace acelerar constantemente.

La pasión que tengo hoy en los negocios es la misma que la del comienzo, tiene exactamente la misma intensidad, aun sabiendo que podría desacelerar un poco y disfrutar del paisaje.

Como hay más personas involucradas en el proceso, entiendo que mi misión es aún mayor, ya que todos los días, cuando me levanto de la cama, sé que una actitud mía puede interferir positiva o negativamente en la vida de miles de personas. Y todos los días hay miles de Sandros, Leilas, Adelaides, Franciscos, Crisrianes, Alessandros, Leandros, Eduardos, Arnaldos, Eltons, Evandros, Dielzas, Genissons, Daniellis, Lucas, Claudemires, Daniéis, Andrés, Elienes, Rosanas, Claudios y muchos otros que inician sus actividades en Hinode, llenos de esperanzas, llenos de sueños y listos para actuar con pasión para alcanzar el sueño de transformar sus vidas. No puedo dejar que mi pasión se canse, por el contrario, tiene que tener exactamente la misma intensidad que el primer día, tiene que ser gigantesca. Esto también es una decisión, una elección.

Y lo que quiero es transformar la vida de cada una de esas personas.

A pesar de querer seguir ofreciendo lo mejor para mi familia, de saber que tengo que ser remunerado por mi trabajo, de tener conciencia de lo que estoy construyendo, me levanto todos los días con el propósito de marcar la diferencia en la vida de las personas y eso me tranquiliza.

Las grandes preguntas que debes hacerte son: "¿Por qué sigo haciendo lo que estoy haciendo? ¿Cuál es mi motivo? ¿Cuál es mi propósito? ¿Cuál es mi porqué?".

Tienes que tener un porqué. No es un "cómo". Lo que me hace seguir creyendo son mis porqués. Y hoy, cada vez más la gente cree también en ellos y cada vez más gente va a creer en ellos también. No importa en qué parte del mundo esté, puede ser en Brasilia o en Jalapão, puede ser en Hungría o en Japón, puede ser en Colombia o en Perú, todos los que apoyen su escalera en esa pared llamada Hinode tendrán mi compromiso y mi pasión apoyándolos incansablemente.

A lo largo de la caminata aprendí que el primer pilar es la pasión. Y, como ya debes haber percibido, no estoy hablando de la pasión que une a dos personas: estoy hablando de pasión por la vida.

Ya debes haberte enamorado alguna vez. Cuando nos enamoramos todo parece más colorido y enfrentamos barreras que a los ojos de quien no ve aquello de la misma manera parecen insuperables.

Los enamorados hacen más de lo que es necesario hacer. Los enamorados crean condiciones para que el motivo de su pasión se celebre. Cuando nos enamoramos de la vida, de nuestro trabajo, nos transformamos positiva y constantemente, como si hubiéramos encontrado aquello que podemos ofrecer de mejor para quienes nos rodean.

Todos los días, cuando despertamos, tenemos infinitas maneras y posibilidades de enamorarnos vibrantentemente por la vida y comulgar con ella lo que nos ofrece.

La pasión que siempre me movió viene de la fe. La pasión que mi fe genera me condujo hasta aquí. El ser humano necesita entender de una vez por todas que la fe es necesaria y que necesita estar conectado con una fuerza mayor, que en mi caso es Dios.

En varios momentos de la vida todos encontraremos situaciones inexplicables que sin que las entendamos nos empujan hacia adelante. Pero te llevan hacia adelante si alimentas la pasión y la fe. La fe es algo que debes alimentar todos los días.

Hay una definición de fe que me gusta mucho. La fe es cuando estás al borde de un precipicio y das el próximo paso seguro de que Dios se encargará de que sigas caminando, sin dejarte caer. Eso es la fe. La fe es una fuerza implacable que implica milagros extraordinarios y, al mismo tiempo nos proporciona paz.

El que tiene fe no ve limitaciones.

Para vencer en la vida es necesaria pasión, creencia y actitud. Estos, a mi ver, son los tres pilares que mueven al ser humano, y la pasión es el impulso que lleva a la mente humana a poner en práctica sus conocimientos. El éxito que un ser humano pueda tener será proporcional a la pasión que tenga por la vida.

El hombre y la mujer de éxito necesitan tener pasión por la vida, sus experiencias y los hallazgos que te proporciona. Será muy difícil tener éxito sin una pasión fuerte y verdadera por todo lo que la vida te puede proporcionar.

Una vez mi hijo me preguntó si tenía ganas de que él trabajara conmigo. Observé su expresión con mucha atención. Mi respuesta definiría el futuro de una persona.

– Hijo, yo soy empresario. Vengo de una empresa familiar y si te dijera que nunca pensé en esto que me dices te estaría mintiendo.

Recuerdo que aquellos segundos en que nos quedamos allí estáticos me hicieron revivir una escena al lado de mi madre. Aunque Doña Adelaida, fundadora de la compañía, se enojara conmigo, yo siempre le decía: "Mamá, déjame contarte algo. De verdad, puede que te guste mucho Hinode, puede que estés extremadamente enamorada de la empresa y que esta pasión sea igual a la mía, pero más grande nunca. Nunca. Amo lo que hago".

– Entonces, ¿quieres que trabaje contigo? – Kauê ansioso repitió la pregunta.

Suspiré y finalmente le contesté:

– Kauê, si yo te digo que nunca pensé en eso, te estoy mintiendo. Para que trabajemos juntos es necesario que haya una condición: te tiene que gustar Hinode, tienes que tener pasión por nuestra empresa, así como yo. Si no tienes esa pasión, haz otra cosa y sé feliz, que tener éxito es ser feliz y próspero. Y la prosperidad no es sólo ganar dinero. Es fundamental que tengas esa pasión, es fundamental que te levantes todos los días y sepas que vas a hacer lo que te apasiona.

La pasión y la fe están íntimamente conectadas porque lo que simboliza el amor es Dios. Dios simboliza el amor incondicional. Y no quiero aquella cosa ferviente de inicio de una relación.

Soy casado hace 23 años con Leila y la amo. La amo profundamente y tengo pasión por ella. Esta pasión es la misma desde el día que la vi. ¿Por qué? Porque cultivamos eso.

Muchos dicen que cuando la pasión acaba, viene el amor, como si el amor fuera algo tibio y sin sentido. Creo que es posible cultivar la pasión por la vida, así como cultivé mi relación con mi esposa, y mantener su llama encendida durante años.

¿Cómo? Tienes que alimentar esto todos los días, tienes que tomar una decisión muy fuerte. Esto lo aprendí con un gran amigo, Elton Oshiro, que solía decir: "El ser humano es un ser emocional. Si fuéramos seres racionales, nadie fumaría, nadie bebería, nadie comería demasiado".

Alimentar la pasión para que sea eterna es un trabajo diario que exige dedicación. Hay una recompensa para eso, y esa recompensa es sólo el efecto de algo que provocamos.

Todas nuestras batallas necesitan ser vencidas en la mente y en el corazón, entonces, todo es una cuestión de decisión. Primero define el resultado en tu corazón y en tu mente y luego continúa.

DA SALTOS DE FE

Cuando estuve en el desierto siempre fui perseverante, siempre tuve la misma fe y la misma pasión. Eso exigió mucho más de mí que cuando estaba en un buen momento. Cuando estás pasando por un mal momento, todo escenario es negativo, lo que te mueve es la pasión.

Dar ese paso a ciegas es un salto de fe. Esto es tener fe y ser apasionadamente determinado. Es avanzar. Es caminar por la fe. ¿Y por qué hablo de pasión? Porque fue precisamente en el desierto, en mi fase más difícil, que la pasión fue fundamental.

Hoy tengo una vida espléndida con todo lo que siempre soñé, por lo tanto, es fácil decir que amo la vida, ya que todo va muy bien, pero he aprendido a amar la vida en el desierto.

Lo que todos necesitan entender es que enfrentamos pequeños desafíos a lo largo de la vida, pero la manera como los vemos y cómo los enfrentamos puede ser determinante para el éxito o para el fracaso. Nadie sale del desierto de la noche al día, y nada duradero y valioso se obtiene rápidamente.

El resultado, la victoria, es del tamaño del precio que has pagado. Entonces, para que puedas respirar todos los días en el desierto y decir "voy a dar un paso más" es necesario celebrar pequeñas victorias. Cada triunfo debe ser celebrado como si fuese único.

Incluso en la época del desierto tuve algunas victorias y siempre las celebré. Si conseguía pagarle a los empleados era un motivo de fiesta. Estaba saliendo todo mal, pero cuando llegaba el día de pagar a los empleados o pagar el bónus, tenía el dinero. Yo lo festejaba íntimamente con todas mis fuerzas. Muchas veces lloraba agradecido, porque Dios había escuchado mis oraciones.

Tal vez, en esos días, no había condiciones de celebrar en el mejor restaurante de la ciudad, tal vez ni en McDonalds, pero volvía a casa con un sentimiento interno y vibrante de conmemoración que me encargaba de intensificar.

Para amplificar el entusiasmo, vive en el entusiasmo. Necesitas absorber todo el entusiasmo y la pasión que haya y que puedas absorber, y vivirlos intensamente. Cuando estés enamorado o entusiasmado, vive esos sentimientos en plenitud e intensifícalos. Cuanto mayor sea el amor que irradies, mayores serán los resultados posteriores.

Si no tienes nada para celebrar o cualquier sentimiento bueno dentro de ti, basta con concentrarse en las cosas que amas y hacer una lista. Es así que intensificamos los sentimientos y dirigimos la energía para vivir una vida llena de cosas emocionantes y apasionantes.

Siempre he enumerado mentalmente las cosas que amo y qué tenía que agradecer la última semana, el último mes o el último año. Los sentimientos empiezan a reflejar lo que irradiamos. Y yo te lo aseguro: la forma en que te sientes con relación a cada aspecto de tu vida – dinero, salud, trabajo y relaciones – es el reflejo exacto de lo que estás irradiando en cada uno de estos aspectos.

Los estudiosos de la física cuántica dicen que debemos tener cuidado con nuestras emociones y sentimientos porque existe una fuerte conexión entre nuestros sentimientos y el mundo físico. La vida no está simplemente pasando. La vida nos responde y nos trae exactamente lo que deseamos íntimamente.

Creo firmemente que somos los creadores y los escritores de nuestra vida, de nuestra historia. Si hay una infinidad de sentimientos buenos y positivos a nuestra disposición, eso significa que no hay límites para todo lo bueno que podemos recibir. Hay muchos sentimientos malos que emanan de nosotros y se van volviendo cada vez peores. No es por casualidad que nos sentimos bien cuando estamos enamorados o cuando amamos. El amor es un poder supremo que gobierna la vida y si es fuente de la vida, cuando estamos desconectados de él, estamos desconectados de la fuerza positiva de la vida.

El poeta Robert Frost decía: "No soy un profesor, soy un despertador". Me gustaría que leas este libro con la conciencia de que sólo quiero despertarte en ti que es posible alcanzar los resultados que deseas y vivir una vida plena de abundancia y pasión. No hay escogidos, existen aquellos que están comprometidos con su propio destino y llevan una fuerza inagotable que los conduce hasta donde quieren llegar.

CELEBRA

El ser humano tiende a acomodarse, o mejor, se acostumbra con la situación que vive. Así como nos acostumbramos al desierto, también podemos acostumbrarnos a la bonanza y a la vida plena. Estas dos situaciones pueden ser comunes para ti. La vida es tan difícil que una dificultad más es apenas una dificultad más, entonces, te acostumbras y no reaccionas. Porque es un dolor más y no reaccionas. La otra cara de la moneda es que estás tan bien que si, por ejemplo, facturas un millón más, parece que es sólo un millón de reales más.

¡No es un millón de reales más! Tienes que festejarlo como si fuera el primero. No puedes acostumbrarte a la temperatura del agua. Cuando te acostumbras a la temperatura del agua, no conmemoras tus resultados, ni sientes los que esto te provoca para seguir nadando.

Mis padres me enseñaron a tener gratitud por la vida. Todo lo que sé lo aprendí en el seno de mi familia, pero también aprendí mucho de mi contacto con Dios, sin duda alguna. Hoy sé que si una persona vive diciendo que será feliz cuando tenga una casa mejor o cuando sus niños crezcan o cuando tenga más dinero, esta persona nunca será feliz y nunca tendrá lo que quiere. La fórmula, si es que así puedo llamarla, es ser feliz primero, irradiar felicidad para recibir más felicidad. No sucede de otra manera, porque todo lo que deseas recibir de la vida antes tienes que dárselo tú a ella. Si estás al mando de tus sentimientos, al mando de tu amor, la fuerza del amor te va a devolver todo lo que irradias.

Creo que tener gratitud por la vida y por las personas que forman parte de su vida es lo que te impulsa. Tal vez ser agradecido sea la gran clave. Ser agradecido a alguien, a algo. Incluso cuando estaba en la peor situación, agradecía e imaginaba que aquello un día me iba a enseñar algo. Tenía certeza absoluta de ello. Incluso sabiendo que ese escenario era malo, sabía que era un escenario de aprendizaje.

A muchos de nosotros no les gusta que se les muevan las creencias que han establecido para sí y se ponen en una especie de estado de hibernación olvidándose de que la vida puede ser fantástica. Otros no quieren tener empeño en reunir nuevas ideas para rejuvenecer el espíritu y traer más coraje y amor a sus vidas.

Napoleón Hill decía que "el triunfo es el desarrollo del poder con el que se obtiene todo lo que se desea en la vida, sin interferir en el derecho de los demás". Aquí vale recordar que "poder" nada más es que energía y esfuerzo organizado. Cuando no buscamos "culpables" por nuestra derrota, logramos tener una perspectiva de éxito a lo largo de la vida.

Es raro tener una vida sin momentos de caos, donde el suelo parece desaparecer debajo de nuestros pies. Pero son justamente estos momentos los que nos traen una nueva vida.

Todos los días, religiosamente, me despierto y leo una reflexión que está escrita en mi cuarto de baño: "¿Lo que hice ayer me acercó o me distanció de mi objetivo?"

Si me acercó, lo refuerzo. Si no me acercó, sé que debo cambiar.

Todos los días es necesario mirar hacia atrás y analizar fríamente si tuvimos actitudes desesperadas, extremistas o si fue algo que nos llevó a algún lugar positivo. Si vas hacia algún lugar estás seguro de que saldrás del desierto.

Cuando percibo que lo que estoy haciendo me asegura que yo esté en el camino correcto, sigo reforzando los puntos positivos y trabajando en lo que no es bueno, siempre con la seguridad de que algo tengo para aprender con ello.

Una de las cosas que aprendí es que es fundamental estar abierto a aprender y eso significa saber escuchar. Tanto en el desierto como en la vida es imprescindible saber escuchar. Y escuchar a la gente adecuada es vital.

El ser humano quiere siempre llegar a algún lugar y probablemente el lugar donde quiere llegar es conocido, hay alguien allí. Si quiero comprar un coche X, por ejemplo, tengo que hablar con las personas que tienen el coche X y no sirve preguntar sobre ese coche a quien tiene un coche Y.

Pero la mayoría de las personas le pregunta a la persona equivocada.

Siempre debes caminar siguiendo a alguien. El ser humano tiende a seguir pero no oye al líder. Lo que hará la diferencia es entender cómo el líder llegó donde está. La persona oída debe haber pasado por lo que tú estás pasando. En caso contrario, no tiene el menor sentido que lo sigas.

Para que esto suceda no basta con escuchar al líder: necesitas estar de corazón abierto para recibir la información compartida. Eso es estar abierto a aprender. Es oír e intentar asimilar sin el filtro del juicio que nubla nuestra mente.

En mi caso, yo no tenía un líder para seguir porque estaba abriendo un camino totalmente nuevo, pero siempre tuve personas que confiaron en mí y eso era suficiente para que yo buscara referencias inspiradoras.

La lectura, por ejemplo, me trajo una mejora considerable desde siempre. La lectura hace que seas una persona mejor por eso es importante despertar la pasión por la lectura, despertar la pasión por crecer y por ser mejor todos los días.

La gente tiene que ser apasionada porque lo que le hará dar el siguiente paso es la pasión, ya que el resultado no siempre viene ese día y probablemente no vendrá en los próximos días o semanas. Tal vez ni en los próximos años.

¿Cómo te mueves entonces? ¡Siendo apasionado!

Voy a dar un paso más hoy. Un día a la vez. Este es el ejercicio, ya que el éxito es la suma diaria de varias pequeñas actitudes positivas. Hoy todo va de la mejor manera posible en mi vida, pero sigo leyendo mucho y ya tengo mi mente programada. Siempre digo que hay dos tipos de personas. La mayoría es del tipo que moldea sus propias creencias a partir de lo que ve afuera de ella. Por ejemplo, oye algo, lo toma como verdad y lo acepta. Este tipo de personas se conecta con lo que ve en la televisión, ve, por ejemplo, que la economía va mal y que hay 14 millones de desempleados. Aquello moldea su creencia y dice: "La economía va mal, hay 14 millones de desempleados".

Yo veo la televisión pero soy selectivo con lo que veo, pues creo que una información destructiva puede destruir tu confianza en un escenario que crees que se alimenta de esa creencia. Porque eres el resultado de lo que te alimenta. Si alimentas tu mente sólo con mala información, seguramente tendrás una mente destruida.

No recomiendo pensar en catástrofes y tonterías todo el tiempo. Ya debes haber notado que tu estado de ánimo cambia drásticamente cuando estás pensando en un futuro prometedor o en un problema.

Mientras escribo este libro, pienso en el mañana y en la perspectiva del viaje que haré al lado de mi padre para ir a pescar solos. El simple hecho de saber que ese momento al lado de mi papá existirá mañana ya tengo una sensación que me hace bien. Al mismo tiempo si yo tuviera un gran desafío mañana e imaginara decenas de posibilidades catastróficas, aunque estuviera en un paraíso, estaría con la mente obstruida por estos problemas y no conseguiría vivir la emoción de estar en aquel maravilloso lugar.

¿Entiendes cómo es importante abastecerse mentalmente de escenarios positivos? ¿Cómo es fundamental crear el futuro que deseas en tu mente y nutrirlo diariamente, así como se nutre una pasión para que continúe encendida?

Una persona que sólo ve el noticiero, lleno de noticias de desgracias, está siendo diariamente contaminada de energía negativa y es eso lo que construye su creencia. Por eso soy selectivo. No soy ajeno a lo que ocurre en el mundo, pero no invierto mi tiempo alimentando mi mente con cosas que pueden perturbarla.

La cuestión es: sé responsable con tu tiempo. No quiero perder tiempo, no pierdo tiempo.

Como me encantan los deportes, también me gusta ver un buen partido de fútbol, pero nunca dejo de trabajar para ver la televisión, jamás dejo de hacer lo que tengo que hacer para ver la televisión. Sin embargo muchos emprendedores o autónomos, cuando tienen un compromiso de trabajo que coincide con la final del campeonato que su equipo está jugando, prefieren ver el partido.

Muchos dejan que el mundo moldee su creencia. Verá la final del campeonato en lugar de dedicarse a aquello que debe hacer en ese momento. El segundo tipo de persona, la minoría, sabe a dónde quiere llegar y ¿qué hace? *Hace que su creencia determine el mundo en que vive.*

Este tipo de persona perseguirá el éxito de forma incansable.

La cosa más fascinante sobre el éxito es que todos pueden alcanzarlo. De verdad, eso es lo que creo. Todo el mundo puede tener éxito.

Puede ser que una persona demore más que otra por eso suelo decir: "Tenemos que entender que, en la vida, la mayoría de las veces, el éxito que estamos buscando no es fruto de una competencia de unos contra otros. No vence el que llega primero. Vence el que llega".

Paga el precio, sé apasionado y llega adonde quieres llegar. No pares en el camino o pienses en abandonar. Aunque no estés en tus mejores días, vale la pena analizar qué hay que hacer para proseguir.

CONTAGIA POSITIVAMENTE EL AMBIENTE

A veces no estoy en mi mejor estado de ánimo, porque, como todo el mundo, hay días en que no estoy bien. En estos momentos recuerdo la mirada de cada una de las personas que cuentan conmigo y hago que la magia ocurra. Para mí, la batalla es siempre una batalla mental.

Es necesario saber separar muy bien las cosas. Es necesario saber mirar a la gente que está conmigo y entender que no tiene nada que ver con mis problemas, que no tiene nada que ver con mis angustias y que yo tengo mis propias frustraciones. Pero nadie tiene nada que ver con mis dificultades o con mis noches de sueño mal dormidas. Sé que es difícil vencer esos momentos pero soy yo el que toma la decisión de estar así o no.

Si eres el tipo de persona que contamina negativamente el ambiente porque has tenido un mal día o porque estás en un momento difícil, trata de evaluar la situación por otro ángulo. Al final, ¿por qué las personas que te rodean merecen tu lado malo?

¿Qué esperamos de los demás? Lo mejor. En el fondo todos esperan lo mejor de los demás. Cuando estamos relacionándonos con alguien, por ejemplo, esperamos lo mejor de la otra persona.

Yo SIEMPRE me enfoco en entregar lo mejor de mí. Entregar todo lo mejor de mí fue lo que combiné con Leila, cuando nos casamos. El primer día, cuando nos pusimos de novios, combiné eso con ella y cuando nos casamos reforzamos la promesa: siempre nos daremos mutuamente lo mejor.

Para mí, la familia es una célula de una sociedad y creo que ese fortalecimiento de la pareja marca la diferencia, porque uno debe siempre alimentar la fe del otro.

Leila siempre alimentó mi fe. En el desierto Leila era mi base y mi sustento. Yo volvía a casa agotado y estar a su lado me recargaba. Me conectaba en ella y ella era la fuente de energía vigorizadora que me ayudaba a salir de casa completamente renovado.

La mayoría de las relaciones fallan porque las personas se casan para ser felices. Creo que la falla está en eso, porque Leila se casó conmigo para hacerme feliz y yo me casé con ella para hacerla feliz. Tenemos un compromiso diario de hacer al otro feliz. Debe estar preguntándote qué tiene esto que ver con la pasión, y te digo: es por eso que nuestra pasión no termina.

En los momentos más difíciles Leila siempre ha confiado mucho en mí y debe haber sido un desafío para ella verme pasar por lo que pasé. Leila mantuvo nuestra casa por un buen tiempo y, por más que viniera de una clase social mejor que la mía, nunca se importó de vivir los tiempos de escasez a mi lado. Al contrario era ella la que más segura estaba de que aquello iba a acabar. Siempre digo que tiene la misma fe que yo.

Todo líder necesita entender, todo hombre de éxito, toda mujer de éxito necesita entender que no tiene fuerzas inagotables, que no es un superdotado, él o ella también llora y necesita tener un hombro para llorar, si no se muere o explota. En esos momentos de mi vida Leila fue fundamental, porque era mi puerto seguro.

Hay muchos empresarios y muchos profesionales que se guardan para sí las emociones y acaban teniendo problemas de salud. Eso ocurre porque no tienen ese puerto seguro o esa persona de confianza con la puedan dividir frustraciones, miedos y angustias.

Necesitas tener tu cabaña. Necesitas tener tu puerto seguro, un lugar donde puedas entrar, cerrar la puerta y compartir lo que te pasa. Necesitas tener a alguien a tu lado. Alguien que te sostenga la mano y te diga: "Vamos juntos". Alguien que te escuche y que tenga sinceramente la misma visión que tú, la misma creencia que tú. Necesita creer en lo que tú crees y tener la misma pasión que tú tienes.

En nuestro caso, todo lo construimos juntos. Yo suelo decir que lo único en mi mi vida que fue debido al factor suerte, fue conocer a Leila. No tuve mérito en eso, fue un regalo de Dios. Hoy, mi vida no sería la misma si no estuviera a su lado. Leila es muy justa. Extremadamente justa y amorosa. Leila es una persona de extrema compasión, inteligente y feliz. Se entrega de verdad. Por eso, tiene tanta pasión.

Esta dedicación incondicional al otro fue algo que aprendí de ella. Siempre me decía: "Voy a hacer todo lo que está a mi alcance para verte bien". Pero no nos anulamos haciendo eso. Porque muchas parejas se anulan para hacer lo que el otro quiere o necesita, y eso es diferente. Para nosotros es un motivo de alegría, un motivo de felicidad porque es una decisión que tomamos.

Esta premisa me condujo a la vida, porque en la vida decidí abrazar Hinode como si fuera una familia y ser apasionado por las personas. Esto implica darles lo mejor de mí, porque siempre hacemos lo mejor por quien estamos enamorados.

Actuar con pasión es mirar al mundo e intentar mirar el lado positivo de todo. ¿Es fácil? Por supuesto que no es fácil. Está escrito en la Biblia: "En este mundo tendrán aflicciones; pero, tengan ánimo! Yo he vencido al mundo" (Juan 16:33). Eso para mí es pasión. La pasión es lo que te hace creer. Necesita ser apasionado para poder creer.

Tengo plena certeza de que necesitamos ser seres humanos mejores todos los días y que el éxito sólo te sonríe cuanto tienes pasión. Sólo te sonreirá si eres un ser humano mejor todos los días y entiendes que la gran transformación comienza por ti. Tienes que transformarte.

La segunda frase diaria que le digo a la gente es: "Mi éxito es mi responsabilidad". Esto implica que tengo que ser mejor todos los días. Responsabilizarse por el éxito y el fracaso es necesario. Esto es muy interesante y muy pertinente en el momento en que las personas culpan a los demás por todo y se victimizan.

Al mismo tiempo la palabra pasión tiene que ver con entrega, así como la fe. ¿Sabes por qué? Porque además de la entrega es fundamental que el hombre cultive buenos valores. No debemos ser flexibles con nuestros valores.

Tenemos que ser mejores hijos, mejores padres, mejores esposos, mejores amigos, mejor profesional y mejor líder todos los días.

Yo creo de verdad en la prosperidad. Creo en la prosperidad y la prosperidad es diferente de la riqueza. Tengo muchos conocidos que tienen una cuenta bancaria enorme y no son prósperos, tienen una familia destruida, ¿sabes por qué?

Porque simplemente ponen a su familia en segundo plano, dejan a los hijos en segundo plano o su esposa en segundo plano, entonces, no son prósperos. Por otro lado, hay tanta gente que no tiene tantos recursos y es próspera, feliz, porque cultiva buenos valores.

Los buenos valores son la base de todo. No me gustan los atajos, porque si el éxito es la suma diaria de actitudes positivas, pequeñas actitudes positivas, el fracaso es exactamente eso también: la suma de todas las actitudes positivas que dejaste de tener.

En los países más desarrollados, principalmente con relación al espíritu empresarial, existe un respeto muy grande entre las personas. El respeto es un valor muy sólido para mí. Yo respeto al otro.

Ten la siguiente regla: ¿estoy haciéndole al otro lo que quiero que me haga a mí? Esta regla se ajusta a cualquier situación. El respeto encaja en cualquier situación, desde la situación más extrema a la situación más cotidiana. Por ejemplo, si hay una fila enorme de coches que quieren doblar a la derecha, siempre aparece uno que quiere burlar la fila y entra por la izquierda. Si tú haces este tipo de cosas, corta estos hábitos.

Ser íntegro es fundamental. Pero ser íntegro es ser entero, porque cuando respetas eres íntegro, y si estamos hablando de pasión, pasión es también ser íntegro, donarse por completo y estar el 100% donde estás. Mente, alma y corazón.

Invariablemente estás en una situación que has elegido. Si estás en este trabajo es porque lo has elegido. Si no estás por entero en este trabajo, no serás feliz, no habrá resultado, entonces es mejor salir. Sal y cambia. Cambia por algo en que puedas estar al 100%.

Si hay algo que no me gusta es la zona de confort, porque en la zona de confort no hay progreso. En la zona de confort no existe crecimiento. ¿Qué hago? Elijo crecer, elijo salir de la zona de confort. Si aquí se está poniendo muy fácil, necesito un nuevo desafío, necesito algo que me provoque, que me haga salir de la zona de confort, para que pueda crecer.

Me encantan los desafíos. No me gusta la zona de confort pero me encantan los desafíos, porque los desafíos te hacen crecer. Es más o menos lo siguiente: hacer mejor y más rápido cada día. Por ejemplo, si alguien está haciendo marketing multinivel y le es muy fácil hacerlo, es cómodo mostrar un plan por día y vender un producto por día, entonces necesita vender dos productos por día y mostrar dos planes por día y cuando se siente cómodo haciendo dos, tendrá que hacer tres.

Un ejemplo claro, una clara analogía es el gimnasio. Cuando vas al gimnasio por primera vez, ¿cuál es el resultado? Dolor. El resultado es dolor. Llegas a casa y todo te duele, pero es un dolor que has provocado. Si sigues yendo al gimnasio ese dolor va a ir disminuyendo. Esto quiere decir que tus músculos están creciendo. Llega un momento en el que el dolor desaparece.

¿Qué hace tu profesor en ese momento? Te aumenta la carga. Así genera un nuevo dolor, que es un nuevo desafío. Es un nuevo desafío y tú creces de desafío en desafío. Esto es crecimiento. Pasión por desafíos.

Tener intensidad es fundamental. La pasión es eso. Así como la pasión es una entrega, en una relación, la pasión es entregarte en lo que haces. En las relaciones y también en el trabajo.

Entregarse es dar lo mejor de ti a la gente y eso también tiene que ver con la fe, porque cuando tienes fe, la entrega es a Dios. No se trata de creer y rezar para que todo ocurra, hay que entregar y caminar. Y esa entrega es la fe, es realmente creer que sucederá.

ENTREGA, CONFÍA Y CAMINA

Respeto, intensidad y gratitud son claves para una vida apasionada. Ser agradecido por las oportunidades que la vida te da todos los días. Ser agradecido por una chance más. Todos estamos vivos y tenemos una oportunidad. Estás vivo, tienes una oportunidad. Si estás vivo, no has terminado.

¿Es difícil? Continua. ¿Duele? Continua. ¿Está resultando todo mal? Continua. Agradece porque tienes otra oportunidad. Tener una oportunidad es increíble. Con una oportunidad puedes hacer mucho, con una oportunidad puedes cambiar todo. Una oportunidad es todo lo que necesitas para cambiar la historia de tus generaciones.

Mi padre podría haber tomado una decisión completamente diferente. Mi madre podría haber dicho no y ambos podrían haber construido una historia completamente diferente. Siempre digo que si la decisión de mi madre hubiera sido diferente, si hubiera dicho no, ¿dónde estaríamos hoy?

Es la famosa historia del efecto de la piedra en el agua. El "sí" de mi madre, en 1983, afectó a millones de personas. Para mí, la vida es un "sí". Escucharás muchas veces "no", incluso. Escucharás más veces "no" que "sí" en la vida. Tienes que ser apasionado es por el "sí". Sé apasionado por el "sí". Encontrará muchos veces el "no", pero lo que te va a hacer crecer es el "sí".

Muchos miran al mundo y ven una serie de dificultades y se paralizan. Estas personas dicen lo siguiente: "Hoy, no, hoy no voy a dedicarme, hoy no voy a hacer nada, todo está tan mal". Esto no es correcto. El hombre de éxito, la mujer de éxito, mira el mundo y dice: "¡Hoy sí!".

Pero hay diferencia entre ser impetuoso, que es tener ímpetu, y trabajar y ser irresponsable. Es la diferencia entre correr riesgos y asumir riesgos. Es una gran diferencia. Uno de los principios del liderazgo es que el líder asume riesgos, no corre riesgos. El líder observa, ve que los riesgos son conocidos y puede dejar de tomar una decisión importante hoy para tomar una decisión en seguridad. Eso es lo más importante.

Hoy, sí. Hoy, sí, voy a ser mejor. Hoy, sí, voy a vender u ofrecer otros productos, voy a escuchar muchas veces "no". Mi cliente va a decirme que no, la gente a que le muestre el plan va a decir que no, pero de todas maneras tú debes ser apasionado por el "sí". ¿Sabes por qué? Porque lo que te hará millonario es el "sí". Persigue el "sí". Enamórate del "sí".

PUNTOS CLAVE PARA NO OLVIDAR
DEDÍCATE CON PASIÓN

NO JUEGUES CON SUEÑOS, SOBRE TODO CON LOS DE OTRAS PERSONAS.

Hay un autor llamado William Butler que escribió un poema con los siguientes versos: "Esparcí mis sueños a tus pies. Camina despacio, pues estarás pisándolos". Siempre que veo el brillo en los ojos de cada una de las personas que cree en Hinode recuerdo que están esparciendo sus sueños a mis pies. Por lo tanto, necesito tener conciencia y cuidado para que cada una de mis acciones impacte bien en sus sueños. El lado positivo de todo esto es que te responsabilizas por lo que puedes ofrecerle al otro y pasas a entender que jamás debes jugar con los sueños, ni los tuyos, ni los de los otros.

NADA QUE SEA BUENO O DURADERO SERÁ FÁCIL.

La Biblia dice que "los bienes que fácilmente se ganan, fácilmente se pierden". Yo sé la verdad contenida en esta frase porque pasé mucho tiempo planeando el camino para conquistar una batalla. Necesitamos planificar detalladamente lo que queremos, creer y actuar en ello, como explicaré en el capítulo siguiente. Pero, para eso, tenemos que saber que un fruto nunca cae del árbol antes de estar maduro. ¡Recuérdalo cuando estés atravesando dificultades! El tiempo, muchas veces, puede ser tu aliado para que estés preparado para la gran victoria.

HONRA TUS ORÍGENES.

Mis padres me enseñaron desde temprano que debemos estar orgullosos de quiénes somos. Nuestros orígenes deben ser respetados como algo sagrado. Nada ni nadie puede hacer que ignores el hecho de que naciste donde naciste y que pasaste por las circunstancias que pasaste. Esto debe ser parte de tu ADN. Tu historia es tu mayor activo. Cuando la rescatas, eres consciente de dónde viniste y a dónde llegaste. Como decía Doña Adelaida: "Nacer pobre no es una elección. Morir pobre lo es".

PERSONAS MOVIDAS POR UN "PORQUÉ" NUNCA PREGUNTAN "COMO" LLEGAR AONDE QUIEREN LLEGAR.

¿Cuánto tu porqué es importante? Veo a personas comprometidas en la crianza y supervivencia de sus hijos, motivadas, como mi padre hacía cuando éramos pequeños, a salir aún de madrugada para el trabajo y regresar por la noche, porque saben que su porqué era muy fuerte. Poner comida en la mesa es una preocupación pero no te preguntes "cómo" llegar adonde quieres llegar. Fija los ojos en tu porqué. Si son tus hijos, piensa en lo mucho que merecen esta vida que estás dispuesto a darles. Sea cual sea tu porqué, debe hacerte mover.

PAGA EL PRECIO Y SIGUE ADELANTE, COMO SI NO HUBIERA CUALQUIER POSIBILIDAD DE VOLVER ATRÁS.

Quien paga el precio, a pesar de todas las consecuencias, no piensa si se arrepentirá después de tomar la decisión, no mira hacia atrás. Pagar el precio es entender que has hecho lo mejor para las condiciones que existían y seguir adelante es mirar hacia el futuro. Recuerda que necesitas apuntar a la luna para alcanzar las estrellas. No te quedes lamentando lo que no funcionó o lo que no sucedió de la manera que esperabas. Paga el precio y sigue adelante, como si no hubiera cualquier posibilidad de volver atrás. Así como lo hizo Doña Adelaide, que vendió todas las máquinas de coser sin tener un plan B. Atraviesa el puente y después quémalo.

EL ENTUSIASMO ES CONTAGIOSO.

Puede transformar ambientes y personas. Puede desarrollar la capacidad de enamorarte de la vida y de lo que haces. El entusiasmo forma parte del proceso. La palabra entusiasmo es estar colmado de Dios. Estar colmado de Dios significa que necesitas dejar que Dios actúe en tu vida. Debes manifestarlo de la mejor manera, trayendo su fuerza vital a tus actos. Una mirada entusiasta, una palabra, un abrazo, una sonrisa. Entusiasmarse con la vida es vibrar en la sintonía del amor y llevar buenas nuevas para quien está a tu alrededor. El entusiasmo es contagioso como si encendieras un fósforo y lo tiraras a un tanque de gasolina.

Causa combustión. Quien ya ha ido a los eventos de Hinode sabe cuánto predico el entusiasmo y cuánto los líderes están comprometidos en entusiasmar a la audiencia para que todos regresen a sus casas colmadas de Dios. Llenos de entusiasmo para poner sus planes en acción. El entusiasmo es vida. Vive en abundancia.

MUÉVETE HACIA EL PROGRESO.
Cuando te mueves hacia el progreso, cada paso se valora, es como si caminar hacia atrás ya no fuera posible. Moverse es caminar en el desierto, incluso cuando está frío o cuando tienes hambre, aunque las condiciones externas estén absolutamente desfavorables. Moverse hacia el progreso es la forma más apasionada de vivir, porque sólo conseguimos movernos cuando nos apasionamos por la vida que queremos tener y sabemos que el movimiento es la única acción que puede conducirnos ella. Muévete, pero muévete hacia el progreso. Invierte en ti, en tus estudios, en entender más sobre tu negocio, invierte en la posibilidad de estar con personas que piensan y actúan como tú y apunta a aquellos que ya consiguieron el resultado que deseas. Camina, sabiendo qué pasos estas personas han dado. Camina sin miedo. Enamórate de la trayectoria.

NUNCA OLVIDES EL DÍA QUE EMPEZASTE.
El día que empezaste es el día que creiste en una posibilidad. Muchas cosas cambiaron desde ese día y, cuando estés en el podio, nunca olvides cuando comenzaste, para darle valor a cada gota de sudor derramada en la conquista.

LAS PERSONAS QUE NO DESISTEN DE LO QUE QUIEREN NO ACEPTAN UN "NO" COMO RESPUESTA.
Sé implacable con tu éxito. Comprométete a alcanzar los resultados que deseas para que puedan ser posibles. No te rindas al primer "no". Escucharas muchos "no" a lo largo del camino, pero debes tener compromiso con tus sueños, aunque necesites recorrer nuevos caminos para conseguir llegar adonde quieres. Que el "no" sea un incentivo para que te llenes de coraje y persigas con obstinación y pasión el "sí".

ENTRA AL CAMPO DE JUEGO PREPARADO PARA VENCER.

El estado mental es algo que debes preservar. Tal vez una de las primeras cosas que debes hacer es saber que tu estado mental depende única y exclusivamente de ti. De los pensamientos que alimentas, de la forma como ves el mundo, de las informaciones que llevas a tus pensamientos. Sólo entra al campo de juego preparado para vencer quien consigue nutrirse de buenas ideas antes. Para entrar al campo de juego reúne toda la pasión necesaria para ganar el partido, como si aquella fuera una final de campeonato que va a cambiarte la vida.

AGRADECE A DIOS.

Siempre entiende que esta fuerza mayor, que yo llamo Dios, pero que cada uno puede llamar como quiera, es la fuente mayor. Cuando entendemos que existe esa fuerza mayor, conectamos nuestro corazón con ella y encontramos consuelo, podemos abrirnos, pedir, pero, por encima de todo, lo más importante es agradecer nuestras conquistas, porque la gratitud es la clave para tener una vida plena. Ser agradecido por lo que conquistamos puede ser una gran palanca que nos impulse hacia arriba. Cuando somos agradecidos por lo poco que tenemos, la vida nos regala abundancia.

SÉ UN VENDEDOR DE SUEÑOS.

Comparte sueños, multiplica talentos, vive en armonía con la vida y di, mirando a los ojos de las personas, lo que sientes. Vibra pasión y sé un vendedor de sueños, apasionado por la vida, por los resultados, por el éxito y por la victoria, y comunica todo esto de forma sabia y sensata a quien esté a tu alrededor. Comparte tus dádivas que así las dádivas seguirán apareciendo en tu vida. Cuando tengas un sueño, una visión, o una oportunidad, involucra a las personas que están a tu alrededor en aquella llama ardiente de la absoluta certeza. Estarán agradecidas por la oportunidad de compartir tu sueño.

EL ÉXITO ES PODER COMPARTIR UNA VISIÓN Y HACER QUE LAS PERSONAS QUE LA VISUALIZAN PUEDAN GUIARSE A TRAVÉS DE ELLA PARA OBTENER LOS RESULTADOS QUE DESEAN.

Hoy percibo cuántas personas he guiado y guío diariamente gracias a la visión que tengo del horizonte que pretendo conquistar. Cuando comparto la visión que tengo del futuro le doy a las personas la posibilidad de ver la esperanza que su corazón no es capaz de ofrecer. Estas mismas personas se llenan el corazón de amor, bondad y coraje para seguir adelante y conquistar lo que desean ardientemente. Tener pasión por la vida es saber que una visión compartida vale más que una visión guardada en un cajón. ¡Juntos somos más fuertes!

SABE LO QUE QUIERES.

Tal vez no sepas dónde quieres llegar, ni lo que quieres, pero es importante que pares ahora y escribas exactamente lo que deseas en tu vida, porque ella no te dará ni más ni menos que eso. Sabe lo que quieres, porque es imposible navegar en mares turbulentos sin saber hacia dónde llevar el barco. Es necesario, por encima de todo, que sepas en qué dirección vas, de lo contrario, las aguas de la vida te llevarán adonde ellas decidan. Pero debes tener una brújula y conducir tu propio destino. Puedes tardar en llegar, pero lo que importa es seguir adelante. Sin abandonar. ¡Vas a llegar!

PERSIGUE TUS OBJETIVOS COMO SI NO HUBIERA NADA QUE TE IMPIDIERA LLEGAR A ELLOS.

Los superhéroes de los cómics siempre me encantaron por varios motivos. Lo más interesante es que, tan pronto como empezamos a leer los cómics, percibimos que los superhéroes son personas comunes, con miedos como los nuestros, pero determinados por un propósito y una misión. Cuando tenemos determinación por lo que pretendemos en nuestra vida somos superhéroes de nuestro destino y perseguimos los objetivos como si no hubiera nada que nos impidiera llegar a ellos. Sé obstinado y apasionado por tu visión de éxito. Persíguela.

LO QUE VALE NO ES LLEGAR PRIMERO. LO QUE VALE ES LLEGAR. LO MÁFICO DE LA VIDA ES LLEGAR.

¿A veces te enojas porque parece que todo el mundo llegó y tú no? También me sentí de esa forma y te puedo afirmar que es absolutamente normal que nos sintamos así, ya que constantemente nos comparamos con quien ya llegó o con quien está mucho más adelante. La cuestión es que tenemos que entender que cada uno sigue a un ritmo y lo que vale es llegar, no llegar primero. Lo mágico de la vida es llegar. ¡Piensa en eso!

EL DESIERTO NO ES UN LUGAR PARA QUEDARSE PARADO. EN EL DESIERTO NECESITAS CAMINAR.

En las dificultades de la vida, si nos quedamos parados, somos tragados por ellas y no conseguimos llegar a ningún lugar. Cuando caminamos, seguimos adelante, incluso sin perspectiva visible de éxito. Caminar en el desierto es desafiante, pero trae resiliencia, coraje y enseña que podemos movernos con fe y esperanza, aun cuando todo parezca actuar contra nosotros. Creo que caminar es la palabra clave aquí. ¡No desistas, no te entregues, no dejes de caminar! La vida te premiará por ello.

LA FE ES HACER Y PERSISTIR, A PESAR DEL MIEDO. INCLUSO INSEGURO, INCLUSO SIN CREERLO.

Todos somos asaltados por el miedo, y el miedo muchas veces nos impide actuar, caminar y tener esperanza. El miedo te paraliza y te contamina con pensamientos destructivos, como si no hubiera posibilidades de éxito. Un hombre y una mujer de éxito deben persistir con fe, aun cuando estén inseguros. Si te sientes inseguro y no puedes ver el horizonte, confía en que lo mejor está por venir y sigue caminando con fe. Las puertas se abrirán cuando menos lo esperes.

EL DINERO ES LA CONSECUENCIA DE UN TRABAJO BIEN HECHO, DE DEDICACIÓN INCANSABLE, DE ENTREGA, DE OPORTUNIDADES CORRECTAS.

A todas las personas que conozco les gusta ganar dinero. Pero la mayoría no piensa que es sólo la consecuencia de un trabajo bien hecho, de dedicación incansable, de entrega y de oportunidad. El dinero es lo que nos premia por nuestro talento puesto en práctica. En la Biblia, la parábola de los talentos cuenta que un hombre rico entregó sus bienes al cuidado de tres de sus siervos antes de partir de viaje. Al primero le dio cinco talentos de oro. Al segundo dos talentos y al tercero un talento. Los distribuyó de esa manera porque conocía la capacidad de cada uno. Los dos primeros siervos invirtieron el dinero y consiguieron duplicar lo que habían recibido. Pero el tercer siervo cavó un agujero en el suelo y enterró el oro.

Con el paso del tiempo, el patrón volvió y llamó a los siervos para rendir cuentas. El primer siervo mostró cómo había duplicado los talentos y fue recompensado. El segundo mostró cómo había duplicado los talentos y también fue recompensado.

El tercer siervo desenterró su talento de oro y se lo entregó de vuelta al patrón disculpándose porque no quiso hacer nada por miedo a perderlo todo. Pero el hombre se enfadó porque el siervo había desperdiciado una gran oportunidad. Por eso pidió que le sacaran el talento. El significado de la parábola es que todos tenemos tesoros y talentos, pero tenemos que tener la responsabilidad y la seguridad de usarlos y no enterrarlos con miedo de perder lo que tenemos. Desarrolla tus capacidades, invierte y cree en ti, que puedes y mereces. Dios se encargará de multiplicar tus talentos.

NUNCA ENTREGUES MENOS QUE EL 100%. SABER QUE LO QUE CONTROLAS ES LO QUE PUEDES ENTREGAR HACE QUE TE DEDIQUES AL MÁXIMO PARA ENTREGARLE LO MEJOR AL OTRO Y A LO QUE ÉL HACE.

¿Qué está bajo tu control? Tu entrega está bajo tu control. Tu pasión está bajo control. Por lo tanto, nunca entregues menos que el 100%. Hoy tu 100% puede ser el 1% de mañana, pero aún así será tu 100%. No trates de dar menos de lo que puedes. Comprométete con lo mejor que tienes, siempre. Dedícate con pasión a aquello que haces y hazlo con coraje y valor.

SIEMPRE TENEMOS ELECCIÓN Y TENER ELECCIÓN ES SABER QUÉ RIESGO PREFIERES CORRER.

Toda actitud puede traer riesgos, pero cuando tenemos que elegir, debemos hacerlo escogiendo el riesgo que preferimos correr, incluso actuando con miedo. No paré cuando las cosas estaban mal en Hinode. No renuncié cuando me llamaron para ofrecerme un cargo importante en otra empresa. Nunca abandoné el barco, porque mi elección era que Hinode fuera una gran empresa. Siempre estuve comprometido con mi visión. Comprométete con tu visión y serás recompensado por ello. ¡Cree!

HACER LAS COSAS CON INTENSIDAD Y PASIÓN HACE QUE TENGAS UNA INQUIETUD QUE NO DEJA QUE TE QUEDES PARADO ESPERANDO RESULTADOS.

Siempre fui inquieto por naturaleza. Cuando hago las cosas con intensidad y pasión obtengo resultados increíbles y consigo cosechar lo que he sembrado. No debemos esperar que la vida nos dé regalos sin que seamos generosos con ella. Necesitamos compartir los dones y talentos, compartir nuestra visión, nuestra fe y nuestra esperanza. Debemos dar para recibir. Siempre poniendo una intensa pasión en lo que hacemos. Esta es la fórmula para el éxito concreto. Los resultados llegan, te lo garantizo.

LOS ENAMORADOS HACEN MÁS DE LO QUE ES NECESARIO HACER. LOS ENAMORADOS CREAN CONDICIONES PARA QUE EL MOTIVO DE SU PASIÓN SE CELEBRE.

Ya debes haberte enamorado alguna vez. Aquel frío en el estómago, aquella sensación de que conseguimos mover una montaña para encontrar a la persona amada. Todos los enamorados hacen más de lo que necesita ser hecho y crean condiciones favorables para que el motivo de su pasión se celebre. Por lo tanto, enamórate de tu vida con esa misma energía de cuando te enamoras de alguien. Mueve montañas para conquistar tus sueños, crean condiciones para encontrar y celebrar lo que deseas. El pote de oro al final del arco iris está dentro de ti.

LA FE ES CUANDO ESTÁS AL BORDE DE UN PRECIPICIO Y DAS EL PRÓXIMO PASO SEGURO DE QUE DIOS SE ENCARGARÁ DE QUE SIGAS CAMINANDO SIN DEJARTE CAER.

La fe es un ingrediente poderoso para la vida. No siempre podemos ver lo que está delante de nosotros, pero cuando tenemos fe, es como si diéramos un paso al vacío y Dios se las arregla para que no te caigas y sigas caminando. No temas. Ten fe y camina. La vida proveerá lo que necesitas. La fe es un elemento poderoso que te permite no ver limitaciones. Todo lo que se puede crear en la mente se puede crear en la materia. Recuerda esta Ley Universal. Si puedes imaginarlo podrás hacerlo que se vuelva realidad. El resultado depende de ti. ¡Cree!

PREGÚNTATE A TI MISMO: "¿LO QUE HICE AYER ME ACERCÓ O ME DISTANCIÓ DE MI OBJETIVO?"

Todos los días cuando me despierto hago un análisis y me pregunto a mí mismo: "¿Lo qué hice ayer me acercó o me distanció de mi objetivo?" La respuesta no siempre es la misma, pero la reflexión hace que entienda lo que hay que hacer de nuevo y lo que necesita ser descartado como estrategia. ¡Recuerda esto!

ESTATE ABIERTO AL APRENDIZAJE.

Nunca creas que sabes todo. Abre la mente y recibe información. Bebe de las mejores fuentes para abastecerte de sabiduría. Muchas veces creemos en una verdad hasta que otra se revela. Es en el caminar de la vida que vamos percibiendo la impermanencia de las cosas, por lo tanto, estate abierto para aprender. Estate abierto al aprendizaje.

SÉ RESPONSABLE CON TU TIEMPO.

La vida es un regalo. Un regalo de Dios. Muchos creen que son eternos. Nuestro tiempo no es eterno. Tenemos una vida de algunas décadas, donde podemos construir lo que queramos, pero si desperdiciamos el tiempo dado por Dios es como si no viéramos las grandes oportunidades de crecimiento que aparecen.

Siempre priorizo estar con personas, compartir conocimiento, actualizarme, invertir en oportunidades de crecimiento o eventos que me hagan aprender y crecer. Yo valoro mi tiempo. Valora el tuyo. Mira lo que te está alejando de tu objetivo y que te está sirviendo como distracción o pasatiempo sin agregarte nada. Destruye hábitos que no te añaden nada y crea hábitos que te pongan en la dirección correcta.

LA MAYORÍA DE LAS SITUACIONES EN LAS QUE NOS ENCONTRAMOS SON EL RESULTADO DE NUESTRAS ELECCIONES. HOY ES EL RESULTADO DE LO. QUE HICIMOS AYER.

Siempre tenemos opciones. Muchos se quejan de situaciones que viven y no perciben que ellas son reflejo de malas elecciones hechas en el pasado. La mayoría de las situaciones en las que nos encontramos son el resultado de nuestras elecciones. Simple como las reacciones de causa y efecto. Hoy siempre será el resultado de lo que hiciste ayer. Ten buen criterio cuando defines tus actitudes de hoy, ya que las consecuencias de tus actos serán implacables mañana.

EN LA ZONA DE CONFORT NO HAY PROGRESO.
Creer que la vida puede continuar cuando está todo muy cómodo es una tremenda estupidez. En la zona de confort no hay progreso. Si estás haciendo lo que siempre haces con mucho confort, cambia la estrategia y trata de desafiarte para obtener nuevos resultados.

SI ESTAMOS VIVOS, TENEMOS UNA OPORTUNIDAD. TÚ ESTÁS VIVO Y TIENES UNA OPORTUNIDAD.
Todos los días, indiscriminadamente, tenemos una oportunidad. Tenemos la oportunidad de perseguir la felicidad, la oportunidad de encontrar nuestra esperanza que estaba perdida o de cambiar nuestro futuro. Las oportunidades están siempre circulando alrededor de ti. Sólo tienes que agarrarlas apasionadamente. Si estás vivo, tienes una oportunidad. No la desperdicies jamás. Hoy puede ser tu último día y, aunque no lo sea, cree

que es un día sagrado que no puedes desperdiciar. Enamórate de la vida de tal manera que la celebres todos los días.

SÉ APASIONADO POR EL "SÍ". PERSIGUE EL "SÍ". ENAMÓRATE DEL "SÍ".
Ya nacemos con el "no", entonces vamos a perseguir el "sí" con obstinación y pasión. Sé apasionado por el "sí" como si tu vida dependiera de él. Ama cada minuto de tu día y busca los resultados que persigues mientras sueñas. Escuchando miles de veces "no" aprendemos el camino hacia el "sí". La vida es un viaje maravilloso y apasionante. Enamórate del "sí".
  ¡Hoy "Sí"!

TODO ES POSIBLE PARA EL QUE CREE.

MARCOS 9:23

CREENCIA

Estábamos en un momento interesante en Hinode. Ya habíamos cruzado el desierto y disfrutábamos de lo que habíamos sembrado y plantado a lo largo de los años. La situación parecía apuntar hacia un crecimiento consolidado y todo indicaba que la Compañía llegaría donde nuestras visiones apuntaban.

Fue entonces cuando un día mi hermana, Crisciane, entró a mi oficina con una nueva idea. Ella era una persona típicamente llena de ideas y, cuando estábamos juntos, siempre compartíamos opiniones sobre todo.

– Sandro necesitamos hacer algo.

Antes de que ella se refiriera a lo que estaba imaginando, yo ya sabía qué iba a decirme. Estaba de acuerdo con ella antes de que pronunciara la frase completa. Yo sabía que estaba pensando en la contratación de una persona externa para componer nuestro equipo.

Éramos una empresa familiar y teníamos el uno al otro, pero las personas de afuera que componían el cuadro de colaboradores eran directores o gerentes. La empresa necesitaba crecer, y ambos veíamos que existía la necesidad latente de traer a alguien de afuera.

– Lo sé – respondí –, necesitamos crecer. Necesitamos traer gente que piense como nosotros y que entienda aquello que entendemos.

Me miró con entusiasmo y completó:

– Necesitamos traer a alguien para ayudarnos en el área de ventas.

Las palabras quedaron resonando en la sala y sabíamos dónde estábamos pisando. Era una conversación que nos llevaría a una decisión importante. Además, el área de ventas era nuestro bien más valioso, no en sentido material, ya que nuestro tesoro precioso son las personas, pero era un área que requería una mirada cuidadosa y una experiencia real de mercado.

Sabíamos que traer a alguien fuera del seno de la familia para cuidar de la gente sería una decisión difícil.

Como si leyera mis pensamientos, ella me dijo:

– Pero necesitamos tomar esa decisión…

Yo sabía que teníamos que dar ese paso. Luego, respondí con una sonrisa:

– Tenemos que hacerlo. Pensé en un nombre.

Sus ojos brillaron.

– También pensé en un nombre.

Nos quedamos en silencio mirándonos hasta que le pedí que me contara en quién había pensado. Para mi sorpresa respondió:

– Vamos a escribir los nombres.

Cada uno tomó una hoja de papel y escribió un nombre, sin mostrárselo al otro. Cuando nos mostramos el papel fue una sorpresa ver que habíamos escrito el mismo nombre: Eduardo Frayha.

Eduardo era un chico que estaba en el mercado y tenía una reputación muy buena. Todos los que lo conocían resaltaban sus virtudes. Algunos líderes de Hinode habían trabajado con él en otra compañía y decían que era el tipo que necesitábamos.

Sin embargo, en aquella época yo estaba en el extinto Comité de Marketing Multinivel de la Asociación Brasileña de las Empresas de Ventas Directas, ABEVD, y el presidente de la empresa donde Eduardo trabajaba formaba parte de ese comité.

Yo quería hacer la propuesta de manera correcta y, como era transparente con todos los que trabajaba, le pregunté a algunos líderes qué pensaban de la idea. Uno de ellos dijo que debíamos llamar a Eduardo inmediatamente, y me pareció mejor actuar de otra manera – o mejor – de manera ética y profesional.

Contraté un *headhunter* y le pedí a un profesional con las características que necesitaba. "Para ayudarte, el profesional que tiene estas características es este", le avisé. De esta forma yo actuaba con ética y, si no tuviera interés en la propuesta, él no abriría espacio para conversación.

Cuando él demostró interés, diciendo que quería oír la propuesta, fue entrevistado por el *headhunter* y luego por Arthur, nuestro vicepresidente administrativo en aquel momento. Era junio de 2014. Después de todo el proceso inicial vino a hablar conmigo.

Conversamos durante tres horas, y en esas tres horas lo único que tenía para venderle, ya que Eduardo venía de una compañía multinacional estadounidense, era mi visión.

– Eduardo, creo absurdamente que estamos construyendo la mayor empresa de Brasil y del mundo, sólo necesito que creas en mi visión, que creas junto conmigo.

Yo sabía que no era tan simple decirle eso a un tipo que era director general de una compañía estadounidense en Brasil y ya veía resultados majestuosos.

Estábamos en una oficina pequeña y él me observaba con curiosidad, mientras yo continuaba:

– Eduardo, no quiero que vengas para traer a nadie de la compañía en que estás. No quiero que vengas para traer gente, quiero que me ayudes con las personas que trabajan en Hinode.

Eduardo no lo pensó dos veces y aceptó la propuesta. Con entusiasmo en la sangre decía que estaba absolutamente energizado con la posibilidad de formar parte de aquel sueño que íbamos a construir juntos.

Les cuento esta parte de la historia de nuestra compañía porque ese momento me recuerda como creer es importante. Tenemos que ser apasionados por lo que hacemos, tenemos que tener fe y la fe inevitablemente trae pasión. Nunca tendrás éxito si no crees más que todo el mundo en lo que estás haciendo.

Tienes que tener una creencia absurda y ver primero que todo el mundo. Tienes que tener una capacidad increíble de creer en una visión grande y buena. A lo largo de los años he creado esa capacidad para crear un cuadro mental y hacer que la persona que está delante de mí pueda verlo.

Hoy, por ejemplo, si yo visualizo que Hinode hará una convención internacional en Singapur y que reuniremos a 50 mil personas, así va a ser. Apenas es importante respetar el tiempo necesario para la construcción y realización de algo de esta importancia extrema. Pero puedo creerlo y verlo. Si hablo con una persona durante unos minutos estará convencida de que ese sueño se hará realidad en poco tiempo. Intento mostrarle a esa persona que también tiene esa capacidad, o que por lo menos esa capacidad puede ser adquirida, y eso marca mucho la diferencia en la vida.

Mi creencia agarra lo que estoy diciendo, independientemente del tiempo que pueda demorar lograrlo. Cuando hablas de creencia, el tiempo deja de ser importante, porque la creencia no es la meta. La creencia es tener una gran visión, creer en lo que estás diciendo, así como yo creo en una visión, por ejemplo, de hacer una convención para 50 mil personas en Singapur.

La creencia es creer a tal punto de crear una visión mental tan fuerte que te permita ver lo que sucede. Ver y sentir como si realmente fuera posible.

El mayor problema de las personas es asociar el tiempo a ese cuadro mental positivo, una visión grandiosa, creyendo que el sueño puede ser imposible. Así, se empieza a pensar en CÓMO en lugar de invertir energía en el sueño final.

Es completamente diferente creer de tener una meta. Porque la meta para mí no es la *big view*, la meta son los pasos. Para que puedas llegar a los 100 km/h necesitas pasar primero por los 10 km/h. La pregunta es: "¿Qué tengo que hacer para llegar a 10 km/h y cuánto tiempo va a demorar?".

No es necesario ver todo el camino que necesitarás recorrer desde el principio. Simplemente sueña, construye tu creencia y tu camino hasta llegar allí. Lo que realmente marca la diferencia es la creencia: necesitas tener la certeza absoluta de que llegarás y la historia de Eduardo me llama mucho la atención porque fue precisamente eso lo que ocurrió en aquel momento.

Aquel día en que nos conocimos personalmente me dijo:

– Mira, lo que me ofreces puedo encontrarlo en otro lugar, incluso los productos y el resto, pero de verdad nunca vi a nadie creer como tú crees.

Cuando Eduardo entendió mi visión y trajo su entusiasmo a la compañía, entendió mi creencia, que pasó a formar parte de su modelo mental.

Traer una gran pieza clave del mercado multinivel, con esa capacidad y principalmente alineado con la misión de la empresa y con lo que creemos, fue increíble. Era un período propicio porque estábamos lanzando todo el nuevo sistema de entrenamiento. Rápidamente, él comenzó a creer en lo que yo creía y a vivir la misma creencia.

¡TODO ES UNA CUESTIÓN DE DECISIÓN!

Napoleón Hill dice que cada cerebro es una estación transmisora y receptora al mismo tiempo, por lo que este intercambio puede fortalecer o destruir nuestro sistema de creencias. Es imprescindible que las personas busquen a otras personas que puedan fortalecer su sistema de creencias positivas. Al mismo tiempo, cuando no encontramos, debemos entender que el mundo no debe determinar nuestras creencias.

¡Eso es una cuestión de decisión! Somos nosotros quienes determinamos las creencias que vamos a incorporar a nuestro día a día y a nuestra vida. Hay personas que permiten que el mundo determine su creencia y creen que el mundo no es bueno. La mayoría de las personas no está bien. Permiten que el mundo contamine sus creencias y empiezan a incorporar las historias en sus discursos de la siguiente manera: "Ah, hay 14 millones de desempleados, entonces, ¿cómo voy a conseguir un trabajo o venderle algo a alguien?" o "Ah, no voy a hacer nada porque hay tanta violencia en las calles, nada va a cambiar, nuestro país no va a cambiar". De esa forma, esta persona permite que el mundo determine su creencia.

Hay una minoría, que son los hombres y mujeres de éxito, el segundo tipo, que hace exactamente al revés. No importa cómo está el ambiente, no importa cómo está el mundo, estas personas hacen que sus creencias determinen el mundo en que van a vivir.

Si partimos de ese presupuesto, aunque encontremos por el camino personas que no comparten lo que creemos o personas que nos desaniman, continuamos e insistimos en nuestras creencias.

Siempre encontrarás a alguien que esté en contra de lo que estás diciendo y en contra de lo que tú crees. Encontrarás inclusive alguien que te dirá: "Lo que estás diciendo es una tontería". No importa qué dicen estas personas.

Todo tiene que ver con lo que está bajo tu control. Siempre he decidido que iba a hacer lo que estaba bajo mi control. Y bajo mi control está creer. Está bajo mi control no permitir que me contaminen con lo negativo de los demás.

Aunque creo en eso, la mayoría de la gente, cuando transmite una idea a alguien que no comparte su idea, se desanima y deja de creer. El sistema de creencias de las personas no es tan fuerte porque no tienen exactamente lo primero, que es la pasión. Sin pasión es difícil que haya un sistema de creencias fuerte.

Siempre habrá más personas que van a decir que estás loco. Habrá más gente que te crea loco de la que habrá animándote a seguir adelante.

Para tener éxito en el marketing de red, necesitas tener un equipo grande y los grandes líderes tienen equipos grandes, de miles de personas. Pero, ¿sabes cuántas personas necesitas para tener éxito en el marketing de red? Apenas una: tú.

Cuando digo "tú", digo tu decisión, tu pasión y tu creencia. A partir del momento en que determines, pagarás el precio. Pero para eso hay que creer más que todo el mundo y no dejar que las creencias limitantes te perjudiquen.

Peor que oír que estás loco es creer en las creencias que te limitan. Porque son esas creencias las que te boicotean, bloquean e impiden ir adelante.

Muchas personas que se cruzaron por mi camino dijeron que no lograrían lo que deseaban porque no eran capaces de alcanzar ciertas cosas. Yo siempre les decía: "Bueno, si no eres capaz, prepárate para serlo".

"Ah, no voy a hacer eso, no voy a participar en este evento porque queda lejos". Prográmate y ve al evento. "Ah, no voy a hacer esto aquí porque mi vecino también lo hace y tiene una cartera de clientes". Ten otra cartera de clientes. No permitas que las creencias del mundo limiten las tuyas.

Cualquier persona puede asumir una actitud mental exitosa si adopta el sistema de creencias correcto. Se sugiere que Jesucristo descubrió una manera de emplear el principio de la química mental y que sus milagros nacieron del poder que él desarrolló en sí mismo. Es exactamente lo que sucede, porque tú estableces este sistema de creencia, de actitud mental de éxito, y así ajustas el sistema de creencias basado en él.

Hay una frase en la Biblia que dice: "Si tenéis fe como un grano de mostaza, diréis a este monte 'pásate de aquí a allá, y el pasará'". Todo está muy determinado por tu mente y tu corazón.

Yo diría que es una mezcla de lo químico con lo emocional. ¿Va a ser fácil? No, nunca es fácil. Nada que sea bueno o duradero será fácil. Todo lo que es bueno, duradero y de significado lleva tiempo y esfuerzo, dedicación, entrega, si no todo el mundo lo alcanzaría.

Al mismo tiempo, es algo para todos. Pero no todo el mundo llegará porque muchos de nosotros se limitan por lo que creen.

Por ejemplo, hay muchos que tienen pena de sí mismos o buscan excusas para sus defectos. Son personas que consiguen excusas para no llegar a donde los demás llegaron. Creen que no van a llegar y empiezan a fabricar excusas siempre. Cuando fabricas excusas, estás subcontratando tu éxito.

Hay dos cosas que no puedes subcontratar en la vida: tu éxito y tu fracaso. Ambos dependen sólo de ti. La elección de ayer determina lo que tienes hoy, siempre.

¿Qué importa para una persona que ha decidido tener éxito? Lo que importa no es el ayer. El ayer ya pasó y te trajo hasta aquí. Si sigues dando las mismas excusas, teniendo las mismas creencias limitantes que has tenido hasta hoy, ¿a dónde llegarás? Hasta donde estás hoy.

Debes determinar tus creencias y no dejar que el mundo las determine por ti porque sólo así el éxito y el fracaso que vendrán serán resultado de algo que tú has determinado.

Por supuesto que esto es un ejercicio, y tú tienes que alimentar a diario tu creencia. Yo siempre le digo a la gente que se haga un cuadro de sueños. Un cuadro de los sueños es un papel, un archivo digital o un cuaderno donde puedan poner las imágenes de lo que desean conquistar. Pueden ser cosas materiales o imágenes de situaciones y lugares. Creo que todo el mundo tiene que tener un cuadro de sueños. Haz tu cuadro de sueños. Ese es el primer paso hacia el éxito. Y luego pregúntate: ¿cuál es mi sueño?

Todavía recuerdo la primera vez que hice mi cuadro de sueños, con mi madre, en 1988. El cuadro de mis sueños tenía básicamente los sueños que mantenía vivos dentro de mí. En aquella época, el coche de mis sueños era un BMW. Yo era joven y tenía el sueño de tener un BMW. ¿Sabes cuando tuve un coche así? Sólo tuve un BMW en 2013, después de atravesar el desierto.

Pasé una vida entera alimentando una creencia. Lo que quiero decir, una vez más, es que no importa cuánto tiempo demore, si alimentas tus sueños y no renuncias, se volverán realidad. Si no eres capaz de imaginar, tampoco eres capaz de conquistar.

Eres capaz de realizar todo lo que eres capaz de concebir. Siendo así, tus sueños tienen exactamente el tamaño de tu mente.

Para ello es importante rodearse de personas que te ayuden a fortalecer tus creencias. Cuando estábamos en el desierto mi familia se unió de tal manera que nos fortalecimos juntos. Aunque era comprensible que cada uno corriera hacia lugares diferentes, para ganarse la vida de otra forma, nos unimos y cooperamos, alimentamos la creencia de que esa fase pasaría.

Cercarse de personas que fortalecen tu creencia es primordial para tu crecimiento. Es como plantar un árbol. Sería difícil tirar semillas en un terreno arenoso o lleno de piedras y esperar que en crezca algo. Pueden crecer, pero la raíz será tan poco profunda que difícilmente se desarrollará.

El terreno y el ambiente tienen que ser propicios para que crezca. De la misma forma tú necesitas estar en ambientes favorables para que puedas crecer.

Muchas personas me dicen: "Yo vivo en una familia desestructurada que no tiene la misma creencia que yo". Cuando esto ocurre deben llenarse de creencia por medio de buenas lecturas, buenos audios, buenos vídeos, buenos cursos. Buenos contenidos que puedan desarrollarlas.

Este contenido puede venir de personas que están donde tú quieres llegar. Personas en las que te reflejas y que son aquello que quieres ser. Siempre digo que es fundamental tener modelos.

Lo más increíble en esto de las creencias es que, cuando tomas la decisión de que el mundo va a ser definido a partir de tus creencias – y tu mundo comienza en tu casa – comienzas a influenciar a quién está a tu alrededor.

Mi madre me inculcó desde pequeño esta mentalidad. Fue ella quien implantó este chip en mi mente y me hizo creer que yo podía más. Por eso estoy en este negocio hace 35 años.

Quien no tiene esta mentalidad o no fue preparado desde pequeño para esto debe hacer lo máximo posible para convertirse en una persona que influencie a su círculo familiar y de amigos.

Sé tú la persona que influencia a los demás sin ser contaminado. Tú puedes ser quien influencia. Cuando esto sucede es natural que otras personas se te acerquen. El proceso comienza a ocurrir y el ambiente es mucho más favorable.

UN REINO DIVIDIDO NO PROSPERA

Una mujer y un hombre deben saber que de nada sirve que la casa tenga opiniones divididas. Un reino dividido no prospera. Dos personas no pueden caminar lado a lado sin la misma creencia o si no quieren llegar al mismo lugar. La idea es construir una relación que consolide las creencias. Una mujer edificando un marido y un marido edificando una mujer tienen un poder increíble.

Cuando uno apoya al otro, si uno de los dos cae todo conspira para el bien de todos.

Cuando tienes la creencia de que las cosas conspiran para tu bien, realmente conspiran. Si el mundo se define a través de tus creencias, ha llegado la hora de crear creencias que te favorezcan.

Cuando crees tu fuerza es tan grande que las cosas empiezan a conspirar para que tu deseo se realice. Conmigo esto sucedió innumerables veces. Vi como las cosas empiezan a funcionar y a encontrar a las personas que podrían ayudarme. Muchas veces esto no tiene ninguna explicación. Unos llaman esto de "ley de la atracción". Puedes llamarlo como quieras. Yo prefiero llamarlo creencia.

Ya debe haberte ocurrido que si lo cuentas nadie te lo cree. Alguna vez que estabas con un objetivo tan definido que de repente algo surge en medio del camino para ayudar, como una intervención divina.

Quien le prestó atención al libro recuerda la historia de mi padre, cuando él necesitaba comprar envases al inicio de nuestra empresa. Mi padre era tornero mecánico, estudió hasta el cuarto grado de la primaria, sabía armar equipos de ventas, sabía mostrar el plan, entendía de gente y decidió que iba a abrir una empresa y tenía que comprar envases. ¡Imagínate una persona que decide de un momento a otro comprar envases! No existía Google o Facebook, no había dónde buscar. De repente cae una caja de un camión. Llena de los envases que necesitaba.

Para unos eso es un incidente inexplicable y sin lógica. Lo mismo ocurrió con mi amigo, se cayó y se golpeó la cabeza, si la bala se moviera hacia la médula podría quedar tetrapléjico, pero la bala se mueve en otra dirección y acaba siendo una bendición. O en nuestra primera experiencia de ventas internacionales, cuando estábamos en Portugal y estábamos muy seguros de que íbamos a vender. Aquel día, el único cliente que entró en la feria fue directo a nuestro stand, que era exactamente igual a los demás.

¿Qué teníamos entonces?

Una creencia absurda de que las cosas iban a funcionar. Sin dudas, cuando crees que todas las cosas conspiran para el bien de aquellos que creen en Dios, para el bien de las personas que tienen una creencia muy fuerte, las cosas empiezan a ocurrirte de una forma cada vez más simple. Cuando digo simple, no digo fácil.

Debemos saber distinguir lo simple de lo fácil y aprender a diferenciar las derrotas temporales de los fracasos. Porque muchas veces la bendición llega después de algunas derrotas.

Aunque yo no sea aquel tipo que cree que sólo se crece con dolor, también creo que no se progresa en la zona de confort. Sin embargo, no es necesario llegar al fondo del pozo para empezar a salir.

SÓLO NO SE EQUIVOCA QUIÉN NO HACE NADA

Mi hija, Vitória, entró recientemente a la facultad de Administración, de la universidad FGV y le dije:

"El camino es más importante que la meta, es gracias al camino que llegarás adonde quieres. Entonces, es lo que construyes todos los días lo que te llevará al resultado, ya sea positivo o negativo, ya sea una victoria o una derrota. Y vas a sufrir varias derrotas, muchas más derrotas que victorias".

Aprendí esto con John Maxwell: dile a las personas que van a caer, para que cuando caigan lo hagan hacia adelante. ¿Y cómo se cae hacia adelante? Se cae hacia adelante cuando después de no alcanzar un resultado esperado tienes la capacidad de entender qué has dejado de hacer o que necesitabas hacer de una forma que no se hizo. Es necesario aprender y no ponerse en la posición de víctima.

Siempre pregúntate: ¿qué tengo que aprender? Puede que hayas dado tu 100%, pero tu 100% no fue suficiente para llegar adonde necesitabas.

Las derrotas suceden mucho en la vida porque la mayoría de las veces la gente no hace lo que tiene que hacer, y muchas veces tampoco tienen la preparación para llegar adonde quieren. Sólo que la mayoría para y se da por vencida ante la primera frustración.

Para mí, la derrota no es necesaria, pero es la oportunidad que puedes tener para la autocrítica y el autoanálisis. Es la oportunidad que tienes para entender en qué puedes mejorar. La derrota nos da esa oportunidad. La gente abandona porque no hace la autocrítica que tiene que hacer.

Es muy importante que administres tus expectativas. ¿De qué sirve entrar a la universidad y trazar un plan para graduarse en apenas un año? Es prácticamente imposible, pues la mayoría de los cursos requieren TIEMPO DE DEDICACIÓN Y APRENDIZAJE. En MMN, si has trazado un plan para llegar a diamante en 90 días (posible, pero difícil) y no alcanzas la meta, incluso haciendo todo bien, no quiere decir que no sirves para el negocio o que el negocio no es bueno para ti. Significa sólo que durante estos 90 días te faltaron algunas habilidades que tienes que identificar y aprender. ¿Que salió mal? ¿No alcanzaste la meta? ¿Fue una derrota? Ok, la vida es así, el éxito se construye de esa forma y la única manera que conozco para levantarse después de una derrota es tener una CREENCIA enorme en un SUEÑO valioso. TU SUEÑO NECESITA TENER MÁS VALOR QUE CUALQUIER DERROTA.

Cuando caigas, y todos un día caemos, que sea hacia delante.

No es todo el mundo que quiere identificar en sí mismo el error. La mayoría no quiere mirarse al espejo y decir: "Eres responsable por lo que te está sucediendo". Muchos no quieren, la mayoría no quiere hacer eso.

Parece más fácil inclinarse y aceptar la derrota o echarle la culpa a alguien o a la falta de oportunidad. Las personas son especialistas en excusas. Ser especialista en excusas no debe ser motivo de orgullo.

Siempre digo a mis hijos que ellos vivan la vida creando excusas y no disculpas. De esta forma, todo esfuerzo será recompensado. Si ellos están estudiando, por ejemplo, les pido que se dediquen incansablemente. Mis hijos nunca han sido geniales, o han tenido un coeficiente intelectual por encima del promedio, pero siempre les he dicho que deberían dar lo mejor que tuvieran todos los días.

Desde que aprendió a leer, Ana Vitória tiene una frase escrita en su pequeño bloc de notas, "Eres del tamaño de tus sueños". Esta frase está en su habitación hasta hoy y dice mucho sobre mi creencia más grande, que es tener sueños grandes e ilimitados. Si enseño a soñar también enseño a equivocarse.

Aprendí una frase con Arnaldo Peixoto, que dice lo siguiente: "La misión de quien enseña no termina al final de la clase. La misión de quien enseña sólo termina cuando el otro aprende". Mientras el otro no haya aprendido la misión de quien enseña no ha terminado. Yo, como padre, siempre me exigí poder enseñar con paciencia aquello que mis hijos necesitaban hacer. Es una cuestión de concienciación.

Mientras muchos amigos de Ana Vitória no entraron a las grandes facultades, ella entró con honores. ¿Por qué? Porque siempre se dedicó y siempre pagó el precio. En ese momento el examen de ingreso significaba todo para ella y además estaba absolutamente enfocada. ¿Hubo frustración a mitad de camino? Es evidente que sí. ¿Sacó alguna mala nota en la escuela? Claro que sí. Pero siempre que sacó una mala nota observamos. Nunca era casualidad.

Nada en la vida es por casualidad: ni las buenas, ni las malas notas, ni las victorias, ni las derrotas. Nada es casual, todo depende de nosotros.

GRATITUD

Mi madre decía que "nacer pobre no era una elección, pero morir pobre lo era". Hoy mis hijos tienen una condición privilegiada porque luché por eso, pero no por eso les doy todo servido. Al mismo tiempo, no necesito que pasen por las dificultades que yo pasé. No es necesario que mis hijos tengan que pasar por ellas sólo porque yo tuve que pasarlas. Pero por otro lado yo tampoco voy a darles de todo, porque es necesario que se lo merezcan, es una cuestión de mérito. Y hay otro factor involucrado: si has trabajado mucho y tienes éxito, tu hijo tiene que ser consciente de que no hay punto final en la evolución o en el crecimiento. Tu hijo, aunque esté en una condición financiera holgada, puede ser mejor que tú. Dícelo siempre.

Díle que puede ser mejor que tú, ¿sabes por qué? Porque yo, por ejemplo, cuando empecé, estaba muy atrás de lo que ellos están. Empiezan la carrera allá adelante y si se dedican de la misma manera que me dediqué, si pagan el precio que yo he pagado, inevitablemente serán mucho mejores que yo y llegarán adonde yo no he llegado.

Ya vi hijos de grandes empresarios y herederos que usaron la visión y la posición económica que tenían sus padres para apalancar negocios y llevarlos a niveles que no eran imaginados por sus padres.

No importa dónde estás. Si crees que no puedes crecer más, te limitas. Está todo en la cabeza y en el corazón. No puedes dejar que tu creencia sea limitante, tienes que pensar que puedes ser mejor todos los días. Yo siempre les digo a mis hijos que pueden ser mejores todos los días y que siempre pueden hacer algo un poco mejor.

Pero no podemos decidir por nuestros hijos. Sólo podemos enseñarles lo que hemos aprendido. Puedo darles una dirección, puedo mostrarles un camino, pero la elección es siempre personal.

Todo el mundo puede, todo el mundo consigue y todo el mundo merece, pero tiene que primero creer en ello. El miedo es la excusa para no moverse porque tienes una creencia limitante que te impide dar el siguiente paso. Tú creas tus miedos y los miedos van a robarte los sueños. Si destruimos los sueños en el corazón de un hombre, destruimos al hombre también.

Si destruyes los sueños de un hombre, acabas con él. El hombre que no sueña no está vivo. ¿Sabes por qué?

Nuestro tiempo aquí en la Tierra es pequeño si comparado con la edad de la humanidad. La expectativa de vida del brasileño es 75 años y muchos pasan esos años observando su historia correr. No es admisible hacer eso. Debemos pasar los 80 años de nuestra vida construyendo nuestra historia. La mayoría de las personas se queda sólo observando cómo el tiempo pasa, y pasa.

La valoración del tiempo es fundamental porque el tiempo pasa, se nos pasa a todos. Un minuto vale para ti lo mismo que valen para mí; 24 horas valen para ti lo mismo que valen para mí, la diferencia es lo que haremos con ese tiempo.

Yo decido creer que voy a construir una gran historia y voy a realizar mis sueños, entonces, voy a tomar este tiempo y hacerlo funcionar a mi favor.

La historia de Hinode sólo está siendo contada en este libro porque alguien decidió construir una historia. Esta persona decidió tomar ese tiempo, que es tan poco al compararlo con la eternidad, y hacer algo especial. Mi madre y mi padre decidieron hacer algo especial. El coraje, las convicciones, los valores extraordinarios y el amor propio los rebalsaban. Creo que es fundamental estimarlos y reconocerlos por eso.

Yo no sería nada sin ellos. Y aunque tus padres no hayan hecho nada extraordinario, fueron ellos los que te dieron la vida y eso por sí solo es fantástico. Tienes la obligación de honrar a tu padre y a tu madre sólo por el hecho de existir y estar vivo. Sólo existes porque ellos existen.

Honrarás a tu padre y a tu madre es el primer mandamiento con promesa en la Biblia. En el Génesis dice: honrad a tu padre y a tu madre que se te añadirán días sobre la Tierra.

Y tengo el privilegio de tener dos personas increíbles como padres. Tengo el privilegio de haber crecido viendo a mis ídolos. No ídolo de idolatría, sino ídolos de ejemplos.

Con la mitad de la fuerza que mi madre tiene me sobra para ser un gran líder. Con la mitad del amor que mi padre tiene por las personas me sobra para ser un verdadero apasionado por ellas. Con la mitad del corazón de mi padre seré un gran padre.

Además de honrar al padre y a la madre, hay que traer esta idea de honrar a las personas que te rodean al mundo de los negocios porque es fundamental edificar tu línea ascendente. ¿Qué significa esto? Si este negocio tiene algún significado para ti, hubo alguien que llegó antes y te lo mostró. Necesitas reconocer a estas personas.

Siempre hubo alguien antes que pagó un precio para construir algo. Tienes que honrar a esta persona. Edificar es lo que le falta al mundo. Si la gente se edificara mutuamente el mundo estaría lleno de gratitud y reconocimiento.

Debemos proyectar luz sobre otras personas para construir algo mejor y hacer que otras personas entiendan el brillo que cada uno tiene. Edificar es reconocer el brillo del otro y saber que ese brillo tiene sentido en tu vida.

Todos deberíamos entender que no somos la luz original del mundo. Alguien nos iluminó. Podemos ser una luz más fuerte, pero ciertamente fuimos iluminados por alguien. Padres, amigos, compañeros de trabajo. Todas las personas que están en nuestro camino y proyectan luces en nuestra vida deben ser edificadas.

Muchos dicen: "Ah, no me cae bien mi jefe". Muchos confunden honrar con amistad. Los empleados que dicen que no les cae bien el jefe porque tiene una característica que no les gusta no quiere decir nada. No le cae bien el jefe, pero es competente y está allí.

La gente necesita entender que no necesitan ser amigas del jefe, pero que necesitan honrarlo, porque honrar es un principio. Si el jefe está allí y tiene autoridad en aquel momento, es necesario servirlo.

"Antes de liderar tienes que aprender a servir", dije al principio del libro. Servir es un principio de honor. Honrar al jefe es diferente de llevarlo a tu casa a cenar. Honrar es ayudarle a construir su imagen, sin querer destruirlo. Cuando queremos destruir a los demás, es como si estuviéramos tomando veneno nosotros creyendo que la otra persona va a morir.

Comprométete a mejorar el ambiente que te rodea en lugar de contaminarlo con quejas. Basta el deseo de comprometerse en marcar la diferencia positivamente. Todos necesitan inspirar a sus compañeros de equipo, todos necesitan adoptar el cambio y asumir responsabilidades. Puedes ser mejor todos los días. Tienes que entender que tú eres el líder.

Tener una creencia hace que seas el líder de ti mismo, y cuando resuelves ser líder de ti mismo, resuelves y eliges influenciar positivamente todo lo que está a tu alrededor.

Así dices: este es mi espacio, mi creencia garantiza que, en mi espacio, donde yo pueda actuar, voy a ser muy bueno, voy a entregar todo lo que tengo, entonces voy a influenciar a las personas que están a mi alrededor, pondré mi granito de arena.

El escritor estadounidense Robin Sharma tiene una frase en su libro *El Líder Sin Status*, que dice que lo realmente doloroso es llegar a los momentos finales y percibir que has desperdiciado el don más importante que te fue concedido: la oportunidad de ofrecer tu magnificencia al mundo que te rodea. Un potencial no realizado se transforma en dolor y lo más triste de esto es que la violencia de la mediocridad deja huellas en los individuos. Todas las noches, cuando pongo la cabeza en la almohada, me pregunto si lo que hice aquel día me acerca o me aleja de lo que quiero.

Cuando regresas a casa y sabes que has hecho todo lo que tenías que hacer, entiendes que si no das tu 100% estás perdiendo el tiempo. El tiempo es tan corto que no puedes perderlo, porque llegará un momento que esa línea tenue, llamada vida, se romperá. ¿Y qué has hecho? ¿Qué hiciste con esto? ¿Qué creaste? ¿A quién influenciaste? ¿Cómo la gente te recordará? ¿O se van a olvidar de ti?

No estoy diciendo eso por vanidad. La vanidad es un pecado mortal que destruye al hombre. Lo digo porque realmente uno quiere influenciar positivamente y porque uno quiere pasar por esta vida y después decir: "He decidido irradiarles a otras personas la Luz que DIOS me dio y nos da a todos nosotros. Decidí iluminar con esa luz. Decidí hacer algo que pudiera contribuir positivamente a la vida de mucha gente o apenas de una única persona, no importa".

Lo que importa es tomar la decisión. Lo que importa es la creencia que permite decir: "Quiero hacer algo increíble".

Si sabes dónde quieres llegar y qué quiere conquistar, sabrás qué persona quieres ser y a partir de ahí buscarás ser esa persona.

Es importante ser consistente siempre y no usar ningún tipo de máscara.

Yo trabajo mucho capacitando gente. En los cursos suelo decir una cosa que se ha convertido casi en una oración: "Si tengo que dar un curso y enseñar técnicas y cosas a la gente, que así sea, pero que la verdadera capacitación de mi vida sea mi propia vida".

De esta forma, mis acciones se convierten en un verdadero curso de capacitación.

Para mí, es imposible decir una cosa y hacer otra. Si te comportas de esta manera te equivocarás y podrás engañar a muchas personas durante algún tiempo, pero no vas a engañarte ni a ti, ni a Dios.

No basta con tener pasión y creer. Tienes que actuar de acuerdo con lo que crees. Y sobre tener actitud voy a hablar en el próximo capítulo.

PUNTOS CLAVE PARA NO OLVIDAR
FORTALECE TUS CREENCIAS

NUNCA TENDRÁS ÉXITO SI NO CREES MÁS QUE TODO EL MUNDO EN LO QUE ESTÁS HACIENDO.

Ser incansablemente determinado es un factor primordial. A todas las personas de éxito que he conocido les brillan los ojos cuando hablan acerca de algo que aman o creen. El brillo en los ojos no se compra en cualquier esquina. Necesitas creer en lo que estás diciendo para que tus ojos brillen. De lo contrario, permanecerás en la oscuridad de la incertidumbre y de la duda. Quien cree pone mucho entusiasmo en las palabras y emite una energía diferente a través de la voz. Quien logra visualizar los sueños realizándose los realiza. Nunca pierdas la fe en ti mismo y en tus sueños. Sólo tendrás éxito si crees en lo que quieres.

CUANDO HABLAMOS DE CREENCIA HABLAMOS DE CREER A TAL PUNTO DE QUE CREAS UNA VISIÓN MENTAL TAN FUERTE QUE TE PERMITA VER LO QUE SUCEDE.

Cuando tengo una visión, la gente me pregunta cuándo sucederá y yo le respondo que "un día". Tal vez tengas pudor de crear grandes sueños en tu mente, porque eso les parecerá imposible a las personas. Pero la creencia es justamente creer al punto de crear una visión mental tan fuerte que la gente confíe en lo que dices porque saben que puedes ver la salida o la luz donde ellos no pueden verla.

EL MAYOR PROBLEMA DE LAS PERSONAS ES ASOCIAR EL TIEMPO CON LA VISIÓN Y CREEN QUE AQUELLO ES IMPOSIBLE. ASÍ, SE EMPIEZA A PENSAR EN EL *CÓMO* EN LUGAR DE INVERTIR ENERGÍA EN EL SUEÑO FINAL.

La primera pregunta que las personas se hacen cuando se quieren boicotear es: "¿Como puedo hacer eso?" Apenas conciben el sueño y ya quieren razonar como pueden realizarlo. Dicen que Walt Disney tenía dos oficinas. En una sólo creaba, sin ningún filtro para la imaginación. En la otra analizaba cómo hacer lo que había imaginado. En la vida, tenemos que tener estos dos ambientes por separado. Al crear tus sueños no impidas que nazcan pensando si son posibles o cuándo y cómo pueden ser realizados. Simplemente dale vida a todos indiscriminadamente.

NO ES NECESARIO VER TODO EL CAMINO QUE NECESITARÁS RECORRER DESDE EL PRINCIPIO.
No intentes ver todo lo que necesitas hacer para realizar tu sueño. Sólo da el primer paso. Después del primero, da el segundo, y así ve construyendo tu trayectoria de éxito, paso a paso, sin preocuparte de cómo llegarás donde necesitas y quiere llegar.

SOMOS NOSOTROS QUIENES DETERMINAMOS LAS CREENCIAS QUE VAMOS A INCORPORAR A NUESTRO DÍA A DÍA Y A NUESTRA VIDA.
Si quieres creer en algo, cree. Si eso te va a impulsar, sigue adelante. Si determinas creencias que pueden hacer que vayas más lejos, no pierdas tiempo oyendo quién está a tu alrededor. No te dejes contaminar por las creencias de otras personas, deja que tus creencias creen su mundo y determinen su camino. Quien permite que el mundo determine sus creencias está limitado a vivir a la deriva, sin escoger del menú, lleno de opciones, que la vida nos ofrece. Debes determinar tus creencias y no dejar que el mundo las determine por ti porque sólo así el éxito y el fracaso que vendrán serán resultado de algo que tú has determinado.

PEOR QUE OÍR QUE ESTÁS LOCO ES CREER EN LAS CREENCIAS QUE TE LIMITAN. PORQUE SON ESAS CREENCIAS LAS QUE TE BOICOTEAN, TE BLOQUEAN Y TE IMPIDEN IR ADELANTE.
Muchas personas se quejan de que los demás dicen que son locas cuando se deciden a tomar una decisión. Creo que mucho peor que tener a los otros diciéndote qué debes o no hacer es

tenerte a ti con pensamientos limitantes. Tú determinas las voces que quieres escuchar y si esas voces están dentro de ti tratando de boicotearte, aléjalas y no dejes que te bloqueen o impidan ir adelante. Esto es ser responsable por tus propios pensamientos y creencias.

SI NO ERES CAPAZ, PREPÁRATE PARA SERLO.
Quien cree que no está preparado para dar un determinado paso debe prepararse para ello. La primera medida que se debe tomar es en la mente. Prepárate para ser capaz. Sólo así puedes ir más lejos.

HAY DOS COSAS QUE NO PUEDES SUBCONTRATAR EN LA VIDA: TU ÉXITO Y TU FRACASO. AMBOS SÓLO DEPENDEN DE TI.
Para de buscar culpables. El culpable más grande de las cosas malas que te suceden eres tú. Toma conciencia de ello. Si naciste en un ambiente desfavorable, no lo culpes por la vida que tienes. Crea condiciones para cambiarte a ti y al ambiente en que vives. Como hijo de un tornero mecánico y de una costurera que me dijeron todos los días que nacer pobre no es una elección, pero morir pobre sí lo es, creé condiciones para mi desarrollo sorteando desafíos inesperados. El éxito es el resultado de inversión en energía, pasión, creencia absoluta y actitudes que tomamos todos los días.

SI SIGUES DANDO LAS MISMAS EXCUSAS, TENIENDO LAS MISMAS CREENCIAS LIMITANTES QUE HAS TENIDO HASTA HOY, ¿A DÓNDE LLEGARÁS? DONDE ESTÁS HOY.
La gente quiere otros resultados actuando de la misma forma que siempre actuaron. Sólo cosecharás resultados diferentes si vives de forma diferente. Esto implica creer en nuevas cosas y hacer nuevas elecciones. Dar disculpas para no realizar lo que hay que hacer, por ejemplo, te dejará en la misma posición en que siempre has estado. Si quieres subir un escalón en la vida, cambia tu pensamiento y tus creencias y las actitudes inevitablemente te acompañarán.

ALIMENTA TUS CREENCIAS DIARIAMENTE.
Crea tu cuadro de los sueños. Esta es una forma de alimentar a diario tus creencias. Cuando le das poder a las creencias que construyes te vuelves invencible, porque nada que venga de afuera puede destruir tu voluntad de ir adelante. La determinación es inquebrantable y te da combustible extra para destruir las dificultades que puedan surgir por el camino.

ERES CAPAZ DE REALIZAR TODO LO QUE ERES CAPAZ DE CONCEBIR. SIENDO ASÍ, TUS SUEÑOS TIENEN EXACTAMENTE EL TAMAÑO DE TU MENTE.
Si tu mente es pequeña tendrás resultados pequeños. Si tu mente se expande tus resultados mejoran. Tu manera de ver el mundo y de posicionarse ante él será el resultado de cómo te ves y de cómo ves el mundo que te rodea. Somos capaces de realizar todo lo que nuestra mente es capaz de concebir. Nuestra mente tiene una capacidad infinita de crear posibilidades. Muchas veces, desperdiciamos este potencial creando escenarios desastrosos y será eso exactamente lo que cosechemos. Nuestras creencias determinan nuestro futuro. Repite esto cuantas veces sea necesario.

CERCARSE DE PERSONAS QUE FORTALECEN TU CREENCIA ES PRIMORDIAL PARA TU CRECIMIENTO.
Las tempestades vendrán, pero será mucho más fácil enfrentarlas si estás rodeado de personas que fortalecen tu creencia. A su lado estarás nutrido cuando tu creencia vacile. Para crecer y llegar lejos, necesitamos aliados fuertes que comulguen de los mismos sueños que nosotros. Rodéate de personas que fortalezcan tus creencias y te llenen de energía para realizar todo lo que eres capaz.

SÉ TÚ LA PERSONA QUE INFLUENCIA A LOS DEMÁS SIN SER CONTAMINADO.
No sirve de nada quejarse de que el mundo es malo, que la familia es triste, que los políticos son deshonestos. Sé tú la persona que influencia a los demás sin ser contaminado. En la

oficina del banquero más próspero de Illinois, Estados Unidos, está escrita la siguiente frase: "Aquí sólo se habla de prosperidad. Quién conozca casos infelices, por favor, guárdeselos. No tenemos interés en conocerlos".

CUANDO TIENES LA CREENCIA DE QUE LAS COSAS CONSPIRAN PARA TU BIEN, REALMENTE CONSPIRAN.

Unos la llaman Ley de la Atracción, pero yo prefiero llamarla Creencia Inquebrantable. Cuando tienes la creencia de que las cosas conspiran para tu bien, realmente conspiran. El cerebro humano y el sistema nervioso constituyen una pieza de una maquinaria intrincada que pocos entienden. Cuando la controlas y la diriges de manera adecuada, esa pieza puede realizar maravillas.

PARA MÍ, LA DERROTA NO ES NECESARIA, ES LA OPORTUNIDAD QUE PUEDES TENER PARA LA AUTOCRÍTICA Y EL AUTOANÁLISIS.

Si te caes o fracasas momentáneamente, observa dónde te equivocaste y sé crítico contigo para corregir rápidamente el error y crear nuevos mecanismos que te lleven al éxito. Muchos permanecen en el suelo y no se levantan. Creen que las derrotas son indicadores de incapacidad. Eso no es verdad. La derrota puede ser tu gran aliada y la oportunidad de un perfecto autoanálisis. No te pongas en la situación de víctima ni te culpes demasiado por los errores cometidos. Sigue adelante sabiendo que hoy eres mejor que ayer y mañana serás mejor que hoy. Eso es progreso.

ERES DEL TAMAÑO DE TUS SUEÑOS.

Esta frase mi hija la aprendió a los 4 años. Incorpórala a tu vida diaria. Si te faltan sueños, fabrícalos. No te pases la vida entera sin soñar. Sueña grande, con amor, coraje y osadía. Sueña como si fueras a conquistar todo lo que su corazón te pide. Sueña con determinación, porque eres del tamaño de tus sueños y nada puede cambiar eso.

LA MISIÓN DE QUIEN ENSEÑA NO TERMINA AL FINAL DE LA CLASE. LA MISIÓN DE QUIEN ENSEÑA SÓLO TERMINA CUANDO EL OTRO APRENDE.

Tenemos la manía de echarle la culpa o la responsabilidad al otro, siempre. Muchas veces queremos que la gente entienda lo que tenemos que decir y no somos lo suficientemente claros. La misión de quien enseña no termina al final de la clase, termina cuando el otro aprende. Y repetir genera el hábito. Diles todos los días lo que crees a tus hijos y familiares, aunque estén cansados de escucharte. Diles lo que quieres enseñar a tus líderes y ve diseminando creencias positivas poco a poco.

TODO EL MUNDO PUEDE, TODO EL MUNDO CONSIGUE, TODO EL MUNDO MERECE. PERO ANTES TIENE QUE CREER EN ELLO.

Muchas personas se empacan a mitad de camino porque no creen en ellas mismas o no consiguen imaginar que pueden llegar a donde algunos llegaron. Todo el mundo puede, merece y lo logra. Pero lo primero es creer en ello. Si no crees que puedes, que consigues y mereces, nadie lo creerá por ti. Eres el primer vendedor de tus sueños. Aprende a creer en ellos.

EL MIEDO ES LA EXCUSA PARA NO MOVERSE PORQUE TIENES UNA CREENCIA LIMITANTE QUE TE IMPIDE DAR EL SIGUIENTE PASO.

Muchas personas fabrican miedos para no salir de dónde están. Se cuentan historias y se excusan. No seas así. Si tienes que fabricar algo, fabrica creencias positivas en tu mente.

SI DESTRUYES LOS SUEÑOS DE UN HOMBRE, ACABAS CON ÉL. EL HOMBRE QUE NO SUEÑA NO ESTÁ VIVO.

Mientras estés vivo, sueña. Tu corazón puede estar latiendo, pero si no sueñas, nada habrá valido la pena. La esperanza le trae brillo a los ojos y una vida de sueños es algo que nos mueve hacia algún lugar. Cuanto más cerca estés de tus sueños, más estarás cerca de Dios. No dejes de creer en los sueños porque se pueden volver realidad.

ANTES DE LIDERAR ES NECESARIO APRENDER A SERVIR.
Sirve a las personas que están cerca de ti. Jesús les lavó los pies de todos los apóstoles antes de la Santa Cena. Esta es la prueba de que la humildad debe venir siempre antes de cualquier otra cosa. Debemos ponernos en posición de servidores que buscan condiciones ideales para quienes lideran. Así conquistamos lo mejor para todos.

ES IMPOSIBLE DECIR UNA COSA Y HACER OTRA.
No basta tener pasión y creer: Tienes que actuar de acuerdo con lo que crees. Si quieres ser una persona con credibilidad, actúa de manera coherente con tus palabras. Debes vivir lo que predicas. En caso contrario, serás un falso líder. Aplica primero a tu vida todo lo que estás dispuesto a decirle a los demás. Tu ejemplo es la mayor inspiración.

EL PUEBLO ESTABA FELIZ ANTE LA ACTITUD DE SUS LÍDERES, PUES TODO LO QUE OFRECIERON AL SEÑOR LO DIERON DE **CORAZÓN** Y DE MANERA VOLUNTARIA.

1 CRÓNICAS 29:9

ACTITUD

La primera vez que mi padre fue a una reunión todavía ejercía la profesión de tornero mecánico. Aquella tarde, se puso la mejor ropa, un pantalón jeans, zapatillas y una camisa, invitó a mi madre, alzó a Crisciane, que en aquella época era bebé, y partió sin saber qué vería.

En cuanto llegó notó que la sala de entrenamiento estaba llena. Había unas diez personas en aquel garaje gris y con poca ventilación. Atrevido, se sentó en la primera fila y comenzó a oír lo que la persona que garabateaba el plan en la pizarra.

Estaban allí invitados por Dielza. El tipo que presentaba el plan dibujaba algunas bolitas en la pizarra. Para cada bolita que se hacía existía un número y mi padre codeaba a mi madre para que ella prestara atención a lo que él consideraba interesante.

– Adelaida, esto es increíble, le dijo.

Hasta que en un determinado momento el hombre dibujó una bolita enorme y el tipo que estaba presentando se dirigió a mi padre.

– Tu vida va a cambiar el día que seas Diamante.

Entonces escribió la palabra "Diamante" en la pizarra.

En ese momento, mi padre codeó a mi madre por última vez, entusiasmado. En el camino de vuelta a casa estaba absolutamente convencido de que ese negocio era para él.

Cuando llegó a casa, encontraron a mi abuela, ya que vivíamos en el fondo de su casa. Muy entusiasmado le dijo:

– Doña Alcina, vamos a cambiar de vida. Adelaida va a vender las máquinas de coser, los niños van a estudiar en una escuela privada. Los niños van a ir a la universidad y no voy a necesitar hacer más horas extra. Voy a comprarme una casa y voy a comprar un coche. Mi vida va a cambiar, porque aquel hombre me mostró...

– Francisco, cálmate por favor – le dijo.

– Doña Alcina, estoy tranquilo.

Fue escuchando palabra por palabra lo que él tenía para contarle hasta que preguntó:

– Has dicho que este hombre dibujó un montón de bolitas...

– Sí Doña Alcina, dibujó un montón de bolitas, mi vida va a cambiar. Adelaida va a vender las máquinas de coser, los niños van a poder ir a la universidad, nuestra vida va a cambiar completamente.

Ella continuó:

– Francisco, te voy a preguntar una cosa...

– Claro Doña Alcina – respondió lleno de pasión.

Lo miró bien y le dijo pausadamente:

– Has dicho que este hombre dibujó un montón de bolitas...

– Sí.

– Dime algo: ¿qué es lo que entendiste?

Con su ingenuidad, sinceridad y transparencia habituales mi padre se detuvo y miró a mi abuela a los ojos y le dijo:

– Doña Alcina, pregúnteme de nuevo.

– Francisco, ¿qué es lo que has entendido?

Él la miró y le respondió:

– Nada. O mejor, sólo entendí una cosa: para que mi vida cambie tengo que ser Diamante, así que voy a ser Diamante.

Si esta historia hubiera terminado en aquella respuesta él ciertamente sería un sujeto con una creencia inquebrantable. Pero Francisco no tenía sólo una creencia. Tenía actitud.

Al día siguiente empezó a trabajar. Al día siguiente, actuó.

Imagínate si por un momento ellos hubieran decidido decirle "no" a aquel sueño que había sido dibujado en la pizarra. O, si por algún instante, hubieran dejado de actuar. Imagínate si mi padre, en 1983, hubiera respondido de la siguiente manera: "Doña Alcina, usted tiene razón, no entendí nada. Sabe una cosa, me voy a preparar, voy a volver, voy a entender un poco mejor y cuando entienda voy a empezar a actuar".

Tal vez millones de personas hubieran dejado de permitir que sus vidas se transformaran por dejar de actuar. No tenemos la menor idea de cuánto nuestra actitud puede afectar la vida de tantas personas.

Hay muchas personas que se rinden y dejan de perseguir sus sueños. La diferencia es que las personas de éxito persisten, aunque sea difícil.

Hay una teoría que dice que si un negocio tiene condiciones de generar ingresos adicionales de 2 mil dólares para una familia, ese negocio cambiará la vida de esta familia en cualquier lugar del mundo, es decir, hará que esta familia viva con dignidad.

En Hinode creo que la calificación principal es la de Diamante, pues un Diamante tiene una renta media aproximada de 2,5 mil dólares (para usar una moneda común), lo que hoy sería alrededor de 8,2 mil reales.

Por eso, aquí en Hinode nunca invité o invito a nadie a hacerse millonario, a pesar de que hay cientos en este momento y habrá miles en el futuro. Yo digo que hacerse millonario es una decisión personal y sólo será posible si la persona entiende el principio básico de nuestra empresa.

Es necesario vivir la misión Hinode con INTENSIDAD todos los días de nuestras vidas. Es necesario entender que nuestra misión es: "Ofrecer una oportunidad para que la gente cambie de vida".

"¿Pero qué tiene ésto que ver con la actitud?", debes estar preguntándote. Sin apuro, ya te explico.

La misión de Hinode se cumple cuando se llega a Diamante. Es como Diamante que se obtiene un ingreso mensual que cambia la vida de toda la familia. Se pasa a vivir con dignidad, a vivir en una buena casa, a ofrecer una buena escuela a los hijos, a tener acceso a un seguro médico y a otras cosas que son esenciales para una vida plena. No serás millonario todavía, pero podrás serlo.

Si hace 35 años mi padre tomó una actitud después de asistir a una presentación, sabiendo que no quería que su esposa pasara 14 horas en una máquina de coser diariamente y que no quería hacer una cantidad enorme de horas extras en la fábrica, es porque sabía que esa actitud lo llevaría a su propósito, que era quedarse más tiempo con los hijos y poder ofrecernos escuelas mejores. Si pasado este tiempo millones de vidas fueron transformadas, es porque un metalúrgico que estudio sólo hasta el cuarto grado de la primaria participó en un evento de negocios, donde entendió que para tener éxito necesitaba ser Diamante. Él tenía una creencia, tenía pasión y tuvo, por encima de todo, actitud.

Todas las personas que consiguen mantener una actitud 100% por encima del promedio serán Diamante en Hinode. No importa cuánto demoren. Importa cuánto se está dispuesto a mantener la actitud necesaria durante el tiempo necesario. Eso es fundamental.

Cuando alguien llega a Diamante siente que su misión fue cumplida, pero eso es sólo el comienzo, todos pueden mucho más.

Sólo serás millonario en Hinode cuando dejes de pensar en dinero y entiendas que ahora eres un misionero. Para ser millonario tienes que hacer que esta misión se cumpla en la vida de todos los que te rodean.

Necesitas hacer que todas las personas de tu grupo o la gran mayoría lleguen a ser Diamante. Cuando lo logras llegas a TITAN. No en vano tengo cientos de millonarios en Hinode y todos ellos tienen cientos de diamantes en sus equipo.

Muchos no crecen porque simplemente abandonan en el camino o no persisten con la actitud correcta durante el tiempo necesario.

Cuando en un entrenamiento para miles de personas lanzo la pregunta "¿Quién tiene fe?", invariablemente la mayoría de las personas tiene fe en algo. Las personas que tienen fe se apasionan por algo. Enseguida hago la pregunta "¿Quién cree que puede construir algo realmente significativo?". Todas las personas dicen que creen. Muchas levantan las manos, se golpean el pecho y realmente creen. Si la gran mayoría tiene fe en alguna cosa y el 100% de ellas dice que cree que puede construir algo grandioso, ¿dónde está la falla?

Exactamente en la última palabra que define mi vida. Las personas no actúan o, cuando actúan, tienen una actitud mediocre y mediana. Lo que marca la diferencia es justamente este tercer ingrediente: la actitud. La diferencia está en actuar. Las personas de éxito actúan y no esperan que las condiciones externas determinen su vida. Las demás sucumben a la falta de actitud.

Pero para tener actitud necesitas construir tu fortaleza mental, porque actitud es acción, actitud es verbo. La fe y la pasión son sentimientos. La creencia es mental, tú necesitas crear dentro de ti elementos que te den combustible.

La idea es primero respirar e interiorizar ese combustible para que tengas fuerza para actuar. De ahí en adelante, es como conducir un automóvil: se pone primera y se acelera. Pon primera y acelera. Y sólo para de acelerar cuando hayas realizado tus sueños. Hay mucha gente que hace eso y después se queda en punto muerto y no sale del lugar.

Por eso, el 99% de las personas no tiene éxito y se queda dentro del promedio. El razonamiento es simple. ¿Qué es una persona común y corriente? Una persona que no tiene actitud o sólo tiene una actitud mediana y común.

La persona común y corriente es la persona ordinaria. Necesitas entender que ordinario no necesariamente algo malo. Si tienes 10 sillas negras iguales, esas sillas son ordinarias, porque son comunes. Entre ellas, son comunes.

Sin embargo, cuando me refiero a las personas extraordinarias, me refiero a personas de visión, de éxito, a personas que pagan el precio, son determinadas y valientes. Siempre.

Lo que todos deberían saber es que el mundo recompensa a las personas. La vida te recompensa por lo que haces y por lo que entregas. Esto quiere decir que serás premiado por tus actitudes.

¿Por qué las personas, o la mayoría de ellas, no tienen éxito y son incluso infelices? Porque mantienen una actitud mediana, que es aquella actitud ordinaria, igual a la de la mayoría de las personas.

La mayoría de las personas exige de sí misma una actitud diferente por poco tiempo en la vida, sin consistencia. El hombre de éxito, la mujer de éxito, toma una decisión y elige hacer todos los días lo que la gente común quiere hacer de vez en cuando.

Yo subo mi regla de actitud cuando hago lo que tengo que hacer con el cuchillo entre los dientes y punto final. ¿Sabes por qué? Porque no tengo la respuesta de que si lo hago va a salir bien. Nadie tiene esa respuesta.

No tenemos garantía de que las cosas van a funcionar. Pero puedo asegurarte una cosa: si no lo haces, no va a salir bien. Esto quiere decir que vale la pena arriesgar y pagar el precio. Si haces lo que necesitas hacer, tus posibilidades son infinitamente más grandes y pueden llevarte adonde quieras llegar. Todo lo que tenemos que tener es una oportunidad.

Cuando empecé a hacer marketing multinivel necesité aprender a tomar decisiones y tener actitudes que me llevaran a cumplir mis sueños. Al principio, cuando estábamos dispuestos a hacer nuestra primera convención de ventas, en 2008, nuestro primer año en el desierto, no sabíamos cómo hacerlo. Estábamos aprendiendo y creíamos que sabíamos, entonces, programamos una convención de ventas para octubre, que sería el aniversario de la Compañía.

La facturación cayó un 90%, no teníamos dinero para nada y la fecha de la Convención se acercaba. Sería en un hotel en la avenida Paulista, en São Paulo, y todo estaba preparado, pero yo no tenía lo básico que era dinero para pagar el evento.

Necesitaba organizar todo con los proveedores y con toda la fuerza de ventas de Hinode, pero simplemente no tenía dinero para pagar. Hablé con Crisciane, mi hermana y socia, y dijo que iba a llamar a todos nuestros líderes para cancelar nuestra primera Convención como empresa de marketing multinivel. Pero de repente pensó que podríamos tener otra salida, pues cancelar el evento sería terrible.

Yo le respondí que yo más que nadie ya había evitado tomar esa decisión. Pero siempre que haces tu parte, las cosas imposibles de DIOS ocurren. Entonces, como un verdadero milagro, recibí una llamada.

Cinco años antes, Leila y yo habíamos reunido todos nuestros ahorros para construir una casa que no había sido entregada. Era todo nuestro dinero en aquella época, lo que equivaldría hoy unos 200 mil reales. Además de no recibir la casa, no habíamos recibido el dinero que dimos como señal. Estábamos exigiendo la devolución del dinero en juicio y el proceso tramitaba hace tres años.

Esa semana, a punto de tomar la decisión de cancelar el evento, recibí una llamada del deudor. Su propuesta era hacer un acuerdo. Él estaba dispuesto a pagar la mitad de la deuda. No tuve dudas y acepté inmediatamente la oferta. Cuando llegué a casa, llamé a Leila para conversar.

– Necesito decirte una cosa – comencé. Le expliqué a ella que había recibido una oferta de acuerdo y que había aceptado sin conversar con ella.

Festejó y estuvo de acuerdo. Entonces continué:
– Calma, hay más. Hay algo que no sabes.

Mientras me miraba, curiosa para que yo continuara, se lo dije de una sola vez.

– Quiero usar ese dinero para pagar la Convención.

Me miró firmemente y respondió inmediatamente.
– ¿Y por qué aún no la has pagado?

Aquel día tomé una decisión y una actitud que impactaría en la vida de 11 personas que fueron a la Convención y que después continuarían en Hinode. Hoy son millonarias. Sólo 11 de las 300 personas que estuvieron allí mantuvieron la actitud de permanecer y cosechar los resultados.

Pagar el precio es apostar sus fichas en algo que tu crees que va a salir bien, aunque ese algo sea todo lo que tienes en la mano en ese momento.

Lo que pasa con las personas en general es que postergan y buscan excusas para no hacer lo que hay que hacer. El miedo, por ejemplo, es una excusa muy usada por quien no quiere salir de la zona de confort.

Conozco a mucha gente que se queda toda la vida en su zona de confort. La zona de confort es acogedora y la naturaleza del ser humano es inclinarse hacia ella. Entonces, es muy normal que te quedes en tu zona de confort. La mayoría de las personas se quedan en ella.

Hay una jerarquía de necesidades llamada Pirámide de Maslow, que es un concepto creado por el psicólogo americano Abraham Maslow. En la misma se determinan las condiciones necesarias para que cada ser humano alcance su satisfacción personal y profesional. De acuerdo con este concepto, los seres humanos viven para satisfacer sus necesidades con el objetivo de conquistar la soñada autorrealización plena. La Pirámide de Maslow trata justamente de la jerarquización de esas necesidades del ser humano a lo largo de la vida.

Se divide en cinco niveles y cada uno está formado por un conjunto de necesidades. En la base de la pirámide están los elementos considerados primordiales para la supervivencia de una persona, como el hambre, la sed, el sexo y la respiración. En el segundo nivel está la necesidad de seguridad.

Muchas personas no progresan en esta pirámide de las necesidades porque ya están satisfechas con la seguridad y las necesidades básicas que tienen. Por eso, no es todo el mundo que va a llegar a la cima de la pirámide y buscar su realización de esta forma.

Esto sucede porque el ser humano todavía tiene el gen del hombre de las cavernas, que cazaba, volvía a casa, comía y se reproducía. Esto quiere decir que hemos sido programados para sobrevivir. Nuestras células están programadas para estar en esa zona de confort. ¿Pero sabes algo? En la zona de confort no hay progreso. La zona de confort es mediana.

Lo que cambia a las personas son las actitudes emprendedoras. ¿Qué son actitudes emprendedoras? Hacer mejor todos los días. No importa lo que hagas. Si eres dependiente en una tienda, tienes que ser el mejor dependiente aquel día. Y hoy tienes que ser mejor que ayer y mañana mejor que hoy. Si eres encargado, abogado, distribuidor de MMN o cualquier cosa, tienes que hacer tu trabajo mejor hoy que ayer y mañana mejor que hoy. ¿Eres madre? ¿Padre? ¿Hijo? ¿Amigo? No importa, sé mejor todos los días. Seas quién seas, ocupes la posición que ocupes, mantén una ACTITUD EMPRENDEDORA todos los días. La mejor parte de esta historia es que, para ser mejores no dependemos de nada ni de nadie, es siempre una decisión personal. En la vida he aprendido desde muy temprano que, independientemente de la situación o del momento, seré mejor, tendré una ACTITUD EMPRENDEDORA todos los días.

No dejes que la zona de confort determine los límites de tu vida. Te sugiero que cuando veas incomodidad corras a su encuentro.

Cuanto más tiempo pases en tu zona de confort, más amplia se volverá. Es ampliar tu zona de confort. Si no sales de de tu zona de confort la vas a hacer más grande. Entonces, sal inmediatamente porque si no, te lo aseguro se va a hacer cada vez más grande.

Mientras más arriesgues más las cosas asustadoras parecerán normales. Hoy veo cosas que hice y que me daba pánico hacer, y sé que nadie sale de cero a 40 mil. Es de a poco. El problema es salir de cero. Lo más difícil es salir de cero.

Es como la historia del avión que despega. Cuando el avión está despegando pone 100% de fuerza de motor, 100% para alcanzar la velocidad necesaria para subir. Cuando llega arriba, ¿qué hace? Disminuye la potencia y la fuerza del motor. Ya no usa más toda la fuerza. La dificultad no es allí arriba, la dificultad mayor es salir de cero. Es ese arranque que tienes que conseguir. Es lo que llamo de plan de 90 días.

¿Por qué la gente no consigue, por ejemplo, hacer dieta? Porque no logran superar los 90 días y todo el esfuerzo es en vano. El plan debe ser de 90 días. Todo lo que quieras hacer en la vida, tienes que hacerlo durante 90 días, por lo menos, con intensidad. Si quieres cambiar de vida, tienes que tener un plan y una actitud.

Siempre he hecho planes de 90 días. Siempre. Hace poco perdí 18 kilos. Pesaba 114 kilos y tomé una decisión de tener una actitud por encima del promedio. El hombre de éxito no tiene actitudes medianas. Pongo primera. La dificultad está en poner primera y acelerar. Naturalmente después pones la segunda. La única marcha en el coche com cambio manual que tienes que poner para salir de donde estás es la primera. Todas las demás son para aumentar la velocidad. Punto final. La de inicio es la primera.

Si estás postergando una actitud, pon primera y arranca. Las demás marchas son para aumentar la velocidad. La vida es eso. La gente no pone la primera marcha, las personas no arrancan. Haz esto por un período mínimo de 90 días. Sé consistente.

Si decides ir al gimnasio mantén el plan durante 90 días. No abandones. ¿Es difícil? Nadie dijo que iba a ser fácil, al contrario. Pero no sirve salir del lugar hoy y volver al mismo lugar a la noche. No sirve ir un día, volver a casa y al día siguiente no regresar. Tienes que tener actitud y comprometerse con la actitud inicial. Todos los días, como mínimo durante 90 días. Prueba con el gimnasio, con un curso de inglés o con una dieta.

No sirve de nada no comer carbohidratos un día y al día siguiente volver a comerlos. Con disciplina llegará un momento en el que estarás tan consistente que inevitablemente pondrás la segunda marcha.

Para todo en la vida es necesario un plan de 90 días. Si estás haciendo marketing multinivel, por ejemplo, harás la lista, invitarás a gente, mostrarás el plan, venderás productos y participarás activamente en el sistema de entrenamiento. Tienes que hacer esto durante 90 días, si no, no vas a pasar de la segunda marcha.

En todo en la vida es así. La gente no llega a ningún lugar desistiendo. Muchos no ponen ni la primera, muchos ni arrancan, y de los que arrancan, la mayoría abandona. La mayoría no tiene constancia.

Muchos tienen actitud y quieren cosechar el resultado al día siguiente. Ese es el problema también, la urgencia en tener resultados. Eso no existe. Hinode tiene 30 años, hoy estoy viviendo la mejor etapa de nuestra empresa, pero pasé 24 años debajo del agua. Nadie me conocía, no podía sobrevivir 24 años pagando el precio.

Comienzas a recoger los resultados cuando hay constancia, velocidad e intensidad. ¿Vas a salir a vender un producto? Entonces sal y no vuelvas a casa sin vender el producto.

Necesitas visitar tres clientes y mostrar tres planes de negocios, no vuelvas a casa sin visitar a tres clientes y mostrar los tres planes. ¿Necesitas perder un kilogramo en una semana? Sigue tu dieta, porque si no pierdes 1 kilogramo en una semana la vas a abandonar. Vuelves a la zona de confort y tu actitud acaba. Te desmotivas y paras de intentarlo.

La mayoría de la personas comienza a fabricar excusas contra ellas mismas en esos momentos, creyendo que eso no es para ellas. Esto sucede en la vida y en el marketing multinivel, es sólo un reflejo de cómo la sociedad es. El marketing multinivel es un reflejo de la sociedad, hay muchas más personas en la base de la pirámide del éxito que en la cima.

Son muy pocas las personas dispuestas a tener una actitud por encima del promedio, una actitud emprendedora, una actitud de hacer mejor todos los días durante el tiempo que sea necesario. La pregunta es: "¿Estás dispuesto a cambiar de vida?".

Si la respuesta es sí, ¿cuánto estás dispuesto a trabajar para ello? ¿Estás dispuesto a pagar el precio?

La mayoría dice que sí, es decir, tiene pasión y creencia, pero a la hora de actuar simplemente no actúa o, si actúa, abandona en los primeros desafíos y vuelve corriendo a su vida anterior, vuelve a la esclavitud de la zona de confort, donde nada sucede.

Sólo estar dispuesto no sirve de nada. Es como si te pidiera que intentes alcanzarme el bolígrafo que está en la mesa. ¿Intentas alcanzármelo o me lo alcanzas? Si me alcanzas el bolígrafo está haciendo algo diferente de lo solicitado, ¿verdad?

Así, intentar y hacer son cosas distintas. Intentar no es hacer. Sólo estar dispuesto no es suficiente. Estar dispuesto es fundamental, pero llega un momento en que tienes que hacer, incluso sin estar dispuesto.

No siempre harás lo que te gusta. El éxito requerirá que hagas mucho de lo que hay que hacer, pero que no siempre es lo que te gusta. Entonces encuentra una manera de ser apasionado por lo que hay que hacer.

Ya escuché a gente diciendo: "Ah, Sandro, tengo una dificultad inmensa. ¿Sabes qué pasa? No me gusta vender productos, ¿qué te parece que puedo hacer?". Yo le contesto: "Vende productos". Si el otro me dice: "No me gusta mostrar los planes", le respondo: "Muestra los planes". La vida no es fácil. Es simple, pero no es fácil.

El éxito está a disposición de todos, pero la mayoría no tiene la ACTITUD EMPRENDEDORA necesaria para encontrarlo.

Encara el caos en vez de huir al viejo modo de pensar y actuar. Expande tus límites, arriesga, aventúrate más allá de tu rutina. Si alimentas tu visión, sabiendo que nadie puede o va a tener una visión más grande que la tuya sobre tu sueño, vas a llegar a la cima y hacer lo que sea necesario. Dentro de principios éticos y morales, siempre respetando a las personas.

No hay éxito sin un valor moral sólido. Puede que ganes dinero, pero no serás un éxito. Esto no es tener éxito ni ser feliz. Puede tener una cuenta bancaria enorme, pero sin valor moral no eres un hombre de éxito y pagarás el precio por ello.

NO ES QUE NO ARRIESGAMOS PORQUE LAS COSAS SEAN DIFÍCILES. LAS COSAS SE VUELVEN DIFÍCILES PORQUE NO ARRIESGAMOS.

Muchas personas dicen: "Ah, pero mi vida no cambia. Mi vida no cambia, todo está igual". Ok, pero si la vida no cambia no es por lo que haces, no cambia por lo que has dejado de hacer.

El éxito es la suma diaria de pequeñas actitudes positivas, eso es éxito. Por otro lado, el fracaso es la ausencia de actitudes positivas. Si me preguntas qué tienes que hacer para lograr el éxito, voy a responderte que necesita hacer miles de cosas y tener millones de actitudes todos los días.

"¿Y el fracaso?" La respuesta es mucho más simple: "No hagas nada".

No necesita esforzarte mucho para fracasar. El fracaso te encuentra, no necesita permiso. Nadie necesita buscar el fracaso. Este es el mejor tónico para que comiences a hacer algo. Haz todos los días algo que te dé miedo porque pronto convertirás el miedo en poder y así vas a construir tu autoconfianza.

La única cosa que puedes controlar es tu actitud. No puedes controlar el resultado. Puedes hacer todo bien y no alcanzar el resultado. Pero eso no debe hacerte parar. Al contrario. Debes intentar de nuevo y de nuevo. Por supuesto, el segundo intento será diferente, y mejorarás en varios aspectos.

Con el segundo intento va a nacer una actitud nueva. Aprenderás más, leerás más. El éxito de ayer no garantiza el éxito de hoy, ni el de mañana, esa es la cuestión. No lo garantiza. Es una zona de confort nueva y necesitas ampliarla conscientemente siempre. Y en esa cuenta de crecimiento y desarrollo personal no hay neutralidad. La curva nunca es estable. La curva de crecimiento nunca es estable. O estás creciendo o estás cayendo, siempre.

¿Sabes por qué? Sólo existe una curva cuando mides algo con relación a otra cosa. Si estás estable y algo está creciendo, tú estás cayendo. Es simple. Si estás rodeado de personas que están creciendo y te mantienes estable, lo siento, tu participación en ese grupo se está haciendo cada vez más pequeña.

Siempre hay alguien que crece. Siempre hay alguien participando más en el mercado, siempre hay alguien ampliando el mercado, siempre hay alguien ampliando influencia, y si no estás ampliando tu influencia, si no estás influenciando a la gente, te estás encogiendo. ¿Por qué? Porque todo el mundo se está expandiendo. Estás perdiendo tu espacio. Mantener tu espacio es perder tu espacio.

EN LA CURVA DEL CRECIMIENTO NO EXISTE LA ESTABILIDAD

Continúa creciendo. No necesitas crecer aceleradamente el resto de tu vida, pero hay que crecer porque eso es desarrollarse. No existe límite para la evolución. Desarróllate, busca ser mejor, haz las cosas mejor y ten una actitud emprendedora.

Tener una actitud emprendedora es diferente de forzar riesgos. Necesitas ser responsable, no puedes salir corriendo riesgos porque sí. Debe asumir riesgos, planificar, hacer todo de forma correcta. Siempre con amor por el desafío.

Muchos piensan demasiado y no actúan por miedo a arriesgar. Estas personas piensan demasiado en los pros y los contras y se quedan estancadas en punto muerto. Llenas de combustible, de fe, de creencia y entusiasmadas, pero paradas. Gastan gasolina en punto muerto, pero va a llegar una momento en que se les va a terminar la gasolina, porque en punto muerto también se gasta energía.

Las personas exitosas no necesitan más motivación, necesitan más disciplina. Porque no estarás motivado todos los días, y lo que va a hacer que actúes en momentos de desmotivación es la disciplina. La disciplina en mantener la actitud. Es necesario disciplina para mantener la actitud.

Puedes pasarte una vida entera buscando excusas o teniendo resultados, no puedes hacer las dos cosas al mismo tiempo. No se puede tener resultados y excusas al mismo tiempo. Sólo podrás elegir una cosa u otra, elije qué quieres, eres libre. El éxito te exigirá algo muy especial, estar muy dispuesto y mucha resiliencia. Y te cuento que vale la pena, vale mucho la pena.

Tu victoria es exactamente del tamaño de tu actitud. Es del tamaño de tu entrega. Es del tamaño de tu capacitación.

La distancia actual a tu próximo gran resultado es exactamente del mismo tamaño de tu actitud y del tiempo que estás dispuesto a mantenerla. Es así de simple.

¿Qué crees que un atleta que gana una medalla de oro hace al día siguiente? Entrena. Te imaginas si le dijera a su entrenador: "Mira, ya sé todo sobre esto, ya sé cómo se entrena, ya sé lo que tengo que hacer para ganar una medalla de oro. Sabes una cosa, voy a parar de entrenar". ¿Cuál es la oportunidad que tendrá de ganar la próxima medalla de oro? Ninguna.

Neymar es el mejor jugador brasileño de su generación. Tiene un talento nato. Sin embargo entrena todos los días obsesivamente. ¿Por qué entrena todos los días si el tipo tiene talento? Entrena todos los días para ser mejor.

Por eso, hazlo tú también. Muévete.

La vida no siempre recompensa al que es más talentoso. Recompensa al que hace más. Fíjate en el ejemplo de mi hija, que aprobó el examen de ingreso a la facultad. Tenía una amiga en la escuela que era mucho más talentosa que ella, sólo que esta amiga iba a la clase y no estudiaba en casa, no pagó el precio, ni se preparó, por consecuencia, no aprobó. Ana Vitória aprobó. La vida no te recompensa por lo que sabes, la vida te recompensa por lo que haces con lo que sabes.

¿QUÉ HACES CON LO QUE SABES?

No pierdas mucho tiempo también queriendo aprender todo para empezar a actuar, porque se te pasa el momento y tal vez no tengas más fuerza para hacer nada. Haz y listo. Prepárate mínimamente, prepárate, toma conciencia de que la preparación es una cosa constante y no acaba. De nada sirve que digas: "Mira, estoy siempre 100% preparado para empezar". Eso no existe.

El error más grande que comenten los emprendedores es que tienen tanto miedo de equivocarse que no se equivocan. No están dispuestos a equivocarse, no están dispuestos correr ese riesgo. No están dispuestos a asumir el riesgo.

Muévete y actúa bien. Actúa alineado con tus sueños, actúa alineado con tu fe y con tu creencia, pero actúa. Tu éxito está relacionado con la cantidad de vidas que influencias y sólo ejerces influencia si actúas. No tienes como influenciar a nadie sin actuar.

En el desierto intenté varios cambios de plan. Cambié el ciclo de ventas, los productos e hice todo tipo de promociones. Entregué premios como juegos de tazas, que eran simples, pero eran lo que podía pagar en aquella época. Viajé por ciudades y estados en el intento de ampliar el alcance de la empresa. Me moví. Tenía una actitud emprendedora y hacía todo lo que estaba a mi alcance.

Incluso en el desierto, cuando volvía a casa triste, molesto y cabizbajo porque las cosas no estaban ocurriendo como me hubiera gustado y no tenía los resultado que quería, llegaba a casa y sabía que había dado todo lo mejor, sabía que me había puesto en acción.

Mi madre dice algo sobre el liderazgo que me encanta: "Líder es el que hace que los demás hagan lo que quieran hacer porque el líder quiere que se haga". Esto es el poder de influencia.

Para cerrar con llave de oro, uno de los momentos en que más fuimos impactados por esta influencia y actitud de mi madre, e hicimos lo que tenía que ser hecho, fue al comienzo de Hinode. Puedo decir que ese momento marcó profundamente mi vida.

Estábamos en un sótano al lado de un río en la zona norte de São Paulo. Teníamos una pequeña máquina de envasar productos y todo el stock. En la parte superior del edificio yo hacia la parte administrativa y en la de abajo funcionaba la línea de envasado, stock y separación de pedidos.

De repente, en una de aquellas lluvias terribles de verano en San Pablo, el río se desbordó. Las aguas invadieron el edificio y presenciamos una escena increíble: todos los envases y los potes de cremas, estaban flotando.

Observamos atónitos y desesperados. Nos miramos unos a los otros con lágrimas. Era todo lo que teníamos, no podíamos ver aquel sueño destruirse.

Yo tenía 18 años. Era un niño y tenía miedos de niño. Mi madre, viendo aquella situación, me miró y me dijo: "Métete al agua". La influencia de gran líder fue de ella, pero necesité tomar la actitud de obedecer aquel deseo. Y fue una gran e inolvidable enseñanza que llevo para toda la vida. Mi acción, la que cambió mi manera de ver la vida, consistió en sumergirme en aquellas aguas del río que habían inundado la casa y nadar hasta la máquina para intentar rescatarla. No conseguía rendirme, ni observar aquella escena parado o derrotado. Sentía que necesitaba hacer lo que estaba a mi alcance.

Recogimos todos los envases y los colocamos en cajas de plástico. Unos días después los pusimos al sol para secar. Compramos cepillos de dientes y alcohol e higienizamos cada uno de los envases con la ayuda de mis amigos de la calle, que los llamé de emergencia para que nos ayudaran.

Cuando hablo de actitud me refiero a eso. Tener una actitud por encima del promedio es no dejarse caer cuando se presenta un escenario caótico. Significa ver posibilidades donde parecen no existir, actuando para que la posibilidad se vuelva real.

SIEMPRE HAY UNA ACCIÓN ESPERANDO QUE ALGUIEN LA TOME.

En esta situación muchos podrían rendirse y decir que habían perdido todo, pero mi familia decidió actuar. Aquel mismo día, mi madre resbaló y se cayó en el playón en que secábamos los envases. Con la caída se golpeó la cabeza y le salió un chichón enorme. Mareada, se fue a casa, se puso hielo y volvió a trabajar en nuestro proyecto de vida. Volvió a poner las manos en la masa, actuar y ayudar a higienizar todos los potes que habían sido rescatados de la inundación.

Mientras estemos vivos vale la pena insistir. Vale la pena ponerse en acción. Lo que determina nuestras vidas son nuestras actitudes.

Tener una actitud emprendedora es eso. Es sumergirse en el agua y rescatar lo que es tuyo. Es no acobardarse ante una situación diferente. Por eso, sumérgete. Sumérgete para rescatar lo que es tuyo. Vé atrás de lo que es tuyo. Actúa como actúan los emprendedores. Siempre, mientras estés vivo.

PUNTOS CLAVE PARA NO OLVIDAR
SUMÉRGETE CON ACTITUD

NO TENEMOS LA MENOR IDEA DE CUÁNTO NUESTRA ACTITUD PUEDE AFECTAR LA VIDA DE TANTAS PERSONAS.

Una simple actitud puede cambiar todo. Puede cambiar tu presente y tu futuro, pero también puede influenciar positivamente la vida de miles de personas. No menosprecies el valor de una actitud, porque puede parecer simple pero sus consecuencias tienen mucho valor. El efecto multiplicador de una actitud puede que se vea después de años. Por eso los líderes son reconocidos años después de su muerte. Porque tuvieron la osadía de actuar cuando todos los demás no estaban dispuestos a dar el paso necesario para alcanzar sus sueños. Ponte en acción sin postergar y observa cómo los resultados se esparcen rápidamente.

LAS PERSONAS DE ÉXITO ACTÚAN. LAS DEMÁS SUCUMBEN A LA FALTA DE ACTITUD.

El éxito es el resultado de acciones constantes. Es la acción la que promueve cambios en tu vida. La falta de actitud puede hacerte dormir y postergar indefinidamente. Las personas de éxito actúan, a pesar de las consecuencias que sus acciones puedan traer. Buscan resultado y no sucumben a la falta de actitud. Una actitud puede cambiar todo y la falta de acción puede paralizar una vida de éxito. Muévete.

NO TENEMOS GARANTÍA DE QUE LAS COSAS VAN A FUNCIONAR. PERO PUEDO ASEGURARTE UNA COSA: SI NO LO HACES, NO VA A SALIR BIEN.

Algunas personas buscan garantías para saber si lo que quieren hacer está correcto. En la vida no existe como garantizar nada, excepto una cosa: si no lo haces, no va a salir bien. Por eso actúa, aunque no sepas cuáles serán los resultados que esa acción va a provocar. La acción promueve un cambio que por sí solo transforma el escenario donde se inserta. No crees disculpas para tu falta de acción ni te escondas cuando sea necesario actuar. Siempre debemos actuar cuando tengamos una meta definida y queramos caminar hacia nuestros sueños. Siempre.

¿QUÉ ES UNA ACTITUD EMPRENDEDORA? HACER MEJOR TODOS LOS DÍAS. NO IMPORTA EL CARGO NI LA POSICIÓN QUE OCUPAS.

Actuar de manera emprendedora es observarte á ti mismo para que hagas todo lo mejor todos los días. No importa en qué área trabajes, la acción determinada puede transformar todo. Mejorar la acción, colocando más de ti mismo es una de las herramientas más poderosas para alcanzar tus objetivos y para llegar más cerca de tus sueños.

MIENTRAS MÁS ARRIESGUES MÁS LAS COSAS ASUSTADORAS PARECERÁN NORMALES.

Si algo te parece demasiado tenebroso para arriesgar, recuerda que la primera vez siempre es difícil. Cuanto más arriesgues, más las cosas asustadizas te parecerán normales y en algún momento vas a ver todo lo que has construido en pequeñas actitudes diarias y percibir cómo valió la pena correr el riesgo que conllevaban. Puede parecer tenebroso, pero en realidad es un obstáculo que necesitas sortear.

SI ESTÁS POSTERGANDO TOMAR UNA ACTITUD, NO ALCANZA CON QUE TENGAS PASIÓN Y UNA CREENCIA FUERTE, LO QUE TIENES QUE HACER ES PONER PRIMERA MARCHA Y ARRANCAR. LAS DEMÁS MARCHAS SON APENAS PARA AUMENTAR LA VELOCIDAD.

No hay como salir del lugar en punto muerto. Pon la primera marcha y arranca, porque esta es la única garantía de que vas a salir del lugar. Aumenta la velocidad y ve. No preguntes cómo. Simplemente actúa para salir del lugar.

EN TODO EN LA VIDA ES ASÍ. LA GENTE NO LLEGA A NINGÚN LUGAR DESISTIENDO. MUCHOS NO PONEN NI LA PRIMERA, MUCHOS NI ARRANCAN, Y DE LOS QUE ARRANCAN, LA MAYORÍA ABANDONA.

Muchos se quejan insistentemente de que no es fácil, pero la mayoría pierde en la largada. Quien se detiene y no busca actuar para encontrar sus objetivos no logra alcanzar lo que pretende. Abandonar a mitad de camino tampoco puede ser una opción. Acelera y, con el tiempo, comenzarás a cosechar los resultados derivados de tus actos.

COMIENZAS A RECOGER LOS RESULTADOS CUANDO HAY CONSTANCIA, VELOCIDAD E INTENSIDAD.

El resultado sólo viene si actúas con constancia. De nada sirve empezar un régimen un día y abandonarlo al día siguiente. Se necesita hacer, día tras día, elecciones alimentarias conscientes para alcanzar el objetivo propuesto. Cualquiera que sea tu objetivo, haz elecciones diarias que te lleven a una rutina diferente. Esta rutina corresponderá al nivel de éxito que alcances. Es la cosecha de la siembra hecha con mucha disciplina.

EL ÉXITO VA A EXIGIRTE MUCHO Y QUE HAGAS LO QUE SE DEBE HACER, PERO NO SIEMPRE LO QUE SE DEBE HACER ES LO QUE TE GUSTA. ENTONCES ENCUENTRA UNA MANERA DE SER APASIONADO POR LO QUE HAY QUE HACER.

Algunas actividades son inevitables en la rutina hacia el camino del éxito y no siempre podremos evitarlas. La magia está en encontrar pasión en las actividades que necesitan hacerse para que tengas la misma motivación cuando estés determinado a hacerlo. Recuerda: no es todos los días que despertamos motivados. Necesitamos encender la llama que llevamos adentro para no depender de motivaciones externas que promuevan un estado de espíritu favorable. Sé tú mismo esta llama que te despierta a la acción.

NO ES PORQUE LAS COSAS SON DIFÍCILES QUE NOSOTROS NO ARRIESGAMOS. ES EXACTAMENTE LO CONTRARIO, LAS COSAS SE VUELVEN DIFÍCILES PORQUE NO ARRIESGAMOS.

Recuerda que cuando el escenario parece difícil es porque porque no tomaste la actitud correcta hace tiempo. La actitud de hoy promoverá la paz y el resultado de mañana. Por lo tanto, postergar nunca debe ser una opción. Vive tu vida con intensidad y compromiso.

EL FRACASO TE ENCUENTRA, NO NECESITA PERMISO.
Nadie necesita perseguir el fracaso. Si no haces nada el fracaso te encontrará sin necesidad de que lo llames. Quien quiera un tónico para seguir adelante que ponga una frase en la nevera. Percibe que, si actúas, podrás ponerte en la dirección del éxito, pero la falta de acción puede dejarte a merced del fracaso.

LA ÚNICA COSA QUE PUEDES CONTROLAR ES TU ACTITUD. LA MAYORÍA DE LAS VECES NO PUEDES CONTROLAR EL RESULTADO.

Actúa siempre al 100%. Sé mejor cada día y da lo mejor de ti. Si recibes poco de la vida, tal vez sea porque te estés dedicando con esa misma intensidad, por lo tanto, controla tu actitud y da lo máximo de ti. Esta es la garantía que tienes. El resultado vendrá, pero nunca como y cuando lo quieras. Continúa, acelera siempre, el resultado vendrá. No puedes controlar el resultado, pero puedes controlar tu actitud.

EL ÉXITO DE AYER NO GARANTIZA NI EL ÉXITO DE HOY NI EL DE MAÑANA.
Intenta quedarte parado creyendo que has logrado el éxito que querías y que por eso no tienes que hacer nada más. Fíjate qué pasa. El castillo de cartas se desmoronará y no hay nada peor que disfrutar del éxito y verlo desaparecer entre tus dedos. El éxito de ayer no garantiza ni el de hoy ni el de mañana, por lo tanto, es necesario tener conciencia de que, si has dado tu 100% hoy, mañana darás también tu 100% que será

más de lo que has hecho hoy. Esto es evolucionar y progresar constantemente.

EL HOMBRE O LA MUJER DE ÉXITO, NO NECESITA MÁS MOTIVACIÓN, NECESITA MÁS DISCIPLINA.

Sé disciplinado y encontrarás la clave para el éxito. Diariamente, pequeñas actitudes pueden transformar tu vida. Toma estas actitudes de manera implacable y no abandones a la primera caída. No necesitas más motivación. Necesita disciplina para cuando no estés motivado.

PUEDES PASARTE UNA VIDA ENTERA BUSCANDO EXCUSAS O TENIENDO RESULTADOS, PERO NO PUEDES HACER LAS DOS COSAS AL MISMO TIEMPO.

Las disculpas pueden venir a cualquier momento. Los resultados son la prueba de tus acciones. Muestra el resultado y deja las excusas de lado. No te acostumbres a las excusas, porque demuestran tu inercia ante situaciones que pedían acción.

LA VIDA NO SIEMPRE RECOMPENSA AL MÁS TALENTOSO, RECOMPENSA AL QUE HACE MÁS.

Haz, independientemente de si la persona a tu lado está haciendo la parte que le toca. Haz la suya. La vida recompensa al que hace más, al que actúa a pesar de las tempestades y encuentra en la acción un bálsamo para el miedo. Actuar es un remedio.

EL ERROR MÁS GRANDE QUE COMENTEN LOS EMPRENDEDORES ES NO ESTAR DISPUESTOS A EQUIVOCARSE.

El error es el resultado de una acción. Equivocarse es parte del juego, así que no tengas miedo de actuar y equivocarte. Ten miedo de quedarte parado. Los errores se pueden reparar. La falta de acción no puede ser remediada.

TU ÉXITO ESTÁ RELACIONADO CON LA CANTIDAD DE VIDAS QUE INFLUENCIAS Y SÓLO EJERCES INFLUENCIA SI ACTÚAS. NO TIENES COMO INFLUENCIAR A NADIE SIN ACTUAR.

Muchas personas quieren liderar grupos sin actuar. La acción es lo que provoca e inspira. La acción es lo que influye a las multitudes. Sé ese influenciador a través de la acción y no sólo con palabras.

NO TE RINDAS A MITAD DE CAMINO.
Hay muchas personas que se rinden y dejan de perseguir sus sueños. La diferencia es que las personas de éxito persisten, aunque sea difícil.

ACTITUD ES ESO. ES SUMERGIRSE EN EL AGUA Y RESCATAR LO QUE ES TUYO. ES NO ACOBARDARSE ANTE UNA SITUACIÓN DIFERENTE.

Ser alguien de actitud es estar comprometido con un sueño. Si sueñas con algo, no puedes desperdiciar las posibilidades de realizar ese sueño. Cualquiera que sean las circunstancias, ponte en acción. No abandones.

PAGA EL PRECIO.
Pagar el precio es apostar las fichas en algo que tu crees que va a salir bien, aunque ese algo sea todo lo que tienes en la mano en ese momento.

PARA TODO HAY UNA OCASIÓN CORRECTA; HAY UN TIEMPO ADECUADO PARA CADA PROPÓSITO DEBAJO DEL CIELO: TIEMPOS DE NACER

Y TIEMPOS DE MORIR, TIEMPO DE PLANTAR Y TIEMPO DE COSECHAR LO QUE SE PLANTÓ; TIEMPOS DE MATAR Y TIEMPOS DE CURAR, TIEMPOS DE DERRIBAR Y TIEMPOS DE CONSTRUIR, TIEMPOS DE TRISTEZA Y TIEMPOS DE FELICIDAD,

TIEMPOS DE LLORAR Y TIEMPOS DE BAILAR, TIEMPO DE ESPARCIR PIEDRAS Y TIEMPO DE JUNTARLAS, TIEMPOS DE ABRAZAR Y TIEMPOS DE CONTENER, TIEMPOS DE BUSCAR Y TIEMPOS DE DESISTIR, TIEMPOS DE GUARDAR

Y TIEMPOS DE DESECHAR, TIEMPOS DE RASGAR Y TIEMPOS DE COSER, TIEMPOS DE CALLAR Y TIEMPOS DE HABLAR, TIEMPOS DE AMAR Y TIEMPOS DE ODIAR, TIEMPOS DE LUCHAR Y TIEMPOS DE VIVIR EN **PAZ.**

ECLESIASTÉS 3:1-8

El escritor ruso Fiódor Dostoiévski escribió que "hay en el hombre un vacío del tamaño de Dios" y yo creo que esa es la principal causa de todos los dolores del mundo. Hoy, el sufrimiento de las personas parece bordear lo insoportable y las relaciones de muchos son rasas y superficiales, sin el mínimo de profundidad.

Veo a muchos jóvenes que creen que comenzarán un negocio y tendrán resultados en seis meses o un año. Menosprecian el tiempo necesario para la construcción de algo sólido.

Mi esposa, Leila, siempre ha dicho que soy un hombre en constante construcción. Como sé que lo que llena el vacío es la fe que alimenta mi alma y la luz de Dios que me llena de todas formas, mi vida nunca ha sido vacía, ni siquiera en los momentos en que me faltó dinero.

Cuando creemos que podemos liderar a través del amor, haciendo una verdadera revolución a través de nuestro ejemplo, inevitablemente somos probados. Y como sabes, fui probado de todas las formas posibles durante mi trayectoria.

Sin embargo, nunca me rendí. En el desierto, no paré de caminar por un segundo. En los momentos en que me "peleé" con Dios, no perdí la fe en Èl. Todos los días, cuando me despertaba, buscaba algo que fuera a alimentar mi pasión por la vida y por todo lo que hacía para hacerla mejor para mí y para quien estaba a mi lado.

Dios me fue moldeando y transformando para que yo pudiera transmitir verdades a las personas que me rodeaban. Creo que todo tiene un sentido, por más que por ahora no sea pasible comprender.

Después de tantos desafíos, hoy puedo comparar el crecimiento de la empresa y entender que estamos apenas empezando. En agosto de 2012 alcanzamos la marca de 10 franquicias y hoy contamos con más de 500 franquicias repartidas por todo el país.

Después de la primera convención, en la que yo no tenía dinero para pagar a los proveedores, hice decenas de ellas. La última, hasta el momento en que escribo este libro, reunió a 40 mil personas.

Este año fuimos a dos cruceros con 4 mil diamantes. Llevamos 800 personas a Cancún, entregamos supercoches a los líderes y un Lamborghini para el Titan de la Compañía, Evandro Viana. Hemos hecho gente común tener actitudes por encima del promedio para alcanzar sus objetivos.

Salimos de un garaje y fuimos a un sótano, de un sótano a un galpón y de un galpón a un complejo empresarial (fábrica, distribución y oficinas) de más de 25 mil metros cuadrados, que coloca mensualmente millones de artículos de higiene personal, perfumería, cosméticos y bienestar en el mercado.

Después de aquel e-mail conmemorativo, donde celebramos la victoria del primer millón, vinieron otras grandes conquistas, hasta alcanzar la marca de 2,5 mil millones de facturación en 2017.

Hoy, con más de 800 mil consultores, 700 empleados directos trabajando con cosméticos, estamos expandiendo nuestros negocios hacia América del Sur, Centroamérica, México, Estados Unidos y el mundo, llevando lejos el modelo e inspirando al mundo con nuestras prácticas.

Hoy tengo pasión, creencia y actitud aún más grandes, pues estamos construyendo la mejor y mayor empresa de MMN del mundo. La misión Hinode va a alcanzar a millones de personas en Brasil y a millones de personas en el mundo.

Las recompensas siempre llegan y llegan de forma increíble.

En octubre de 2016 tuve uno de los días más felices de mi vida, el de estar sentado por 23er año seguido en la platea del Premio Abihpec Belleza Brasil 2016.

Durante 22 años consecutivos estuve sentado allí, aplaudiendo a los ganadores sin ver Hinode clasificada. Pero yo tenía dentro de mí la creencia de que un día ganaría. Pasé 22 años aplaudiendo con mucha convicción, sabiendo que mi día llegaría.

Cuando vi que Hinode estaba entre las finalistas, al lado de nombres de empresas que crecí admirando, como Natura y Boticário, se me puso la piel de gallina. Competía con empresas gigantes aunque apenas daba mis primeros pasos.

Pero mi momento había llegado finalmente y el desierto definitivamente había quedado atrás. Tal vez de forma profética, cuando mi madre bautizó Hinode con un nombre que significa "sol naciente", ella supiera que siempre iba a resurgir e iluminar puntos de oscuridad, que iba a calentar corazones y fijar su presencia de forma irrefrenable. Así como nadie puede impedir que el sol brille, percibí que era inevitable que Hinode ganara todas las atenciones. Aquella noche el nombre de la empresa fue leído durante la entrega del premio y salimos finalmente de la condición de espectadores para pasar a la de premiados. Subimos al escenario para recibir nuestro premio y en ese momento entendí la dinámica de la vida. Solo me restó agradecerle a Dios por haber adquirido, sobre todo, sabiduría durante todo el proceso de crecimiento de la empresa que se confunde con mi propio proceso de crecimiento.

No necesita ser fácil. La mayoría de las veces no lo es, pero ten una creencia descomunal de que puedes. Esta creencia hará que tengas actitudes por encima del promedio y así llegues a lugares inimaginables.

Dios me dio 100 veces más que cualquier cosa que en algún momento me pidiera, pero los premios, los viajes y el reconocimiento tienen algo en común.

¿Qué tiene todo esto en común?

Está todo en el pasado. Todo esto ya sucedió. El éxito de ayer no garantiza ni el éxito de hoy ni el de mañana. Por eso, no voy a parar mientras esta misión no alcance a millones y millones de personas. Todavía estoy comprometido con este negocio que cambiará tu vida.

Estamos sólo al principio y creo que quien no tiene sueños está muerto.

Creo que si no has alcanzado todo lo que puedes, tienes poco. Se puede ganar más, se puede ganar realmente mucho pero si no ganas todo lo que puedes habrás ganado poco.

No me refiero al valor monetario, me refiero a crecimiento. Tengo grandes sueños y sigo trabajando 10, 12, 14 horas al día. Me encanta este negocio.

No es más dinero lo que me hará levantar de la cama. Lo que me mueve hoy es hacer que Hinode pueda cambiar tu vida y estoy muy agradecido a Dios por ello. Son 35 años de carrera (5 años con mi madre, cuando sólo vendíamos productos y 30 de Hinode), y nunca renuncié.

No abandones. Sea cual sea la fase por la cual estás pasando en tu vida, no pienses en dejar de caminar. Camina por tu desierto, sé apasionado por la vida, busca tus sueños, cree en lo que parece imposible. Ten actitudes extraordinarias.

Te aseguro que puedes conquistar todo lo que deseas. Te aseguro que puedes. Sólo cree en ello. Sólo tú. Vive la vida al 100%. Sé que puedes vivir así. ¡Mereces vivir así! Dios te hizo para que brilles.

Brilla como el sol naciente.

Recuerda siempre: ¡Tú puedes! ¡Tú vas a conseguirlo! Y, sobre todo, tú ¡MERECES VIVIR LO MEJOR DE ESTA TIERRA!

¡Confía en DIOS, sé feliz y, en tu camino, cuenta conmigo por para siempre!

Para finalizar, te dejo el versículo que me sostuvo durante la travesía de desierto y me da fuerzas hasta hoy:

No temas porque estoy contigo;
No desmayes pues yo soy tu Dios.
Yo te fortaleceré y te ayudaré;
Siempre te sostendré
con la diestra de mi justicia.
(Isaías 41:10)

¡Sé muy feliz! ¡QUE DIOS te bendiga!

Gracias por haber llegado hasta esta página. ¡Para mí fue un honor, tal vez el más grande de mi vida!

Fuentes LYON, AKZIDENZ GROTESK
Papel ALTA ALVURA 90 g/m²
Impresión IMPRENSA DA FÉ